Isabelle von Neumann-Cosel

Die Zügel in der Hand

Pferdegeschichten:
lustig, spannend, nachdenklich

FNverlag
der Deutschen
Reiterlichen Vereinigung
GmbH

Die Deutsche Bibliothek - CIP-Einheitsaufnahme

Neumann-Cosel, Isabelle /von: Die Zügel in der Hand:
Pferdegeschichten - lustig, spannend, nachdenklich /
Isabelle von Neumann-Cosel. - Warendorf : FN-Verl. der Dt. Rei-
terlichen Vereinigung, 2001
ISBN 3-88542-373-1

QUELLENVERMERK:

„Neue Eisen für Blacky" -
erstmals erschienen in : „Du sollst fliegen ohne Flügel"
FNverlag, Warendorf 1986

„Johannes am Start" –
erstmals erschienen in: „Die Nacht der fliegenden Pferde"
FNverlag, Warendorf 1987

Die Beiträge „Drei Tage Reitverbot" und „Besuch bei einem
alten Mann" wurden eigens für diesen Band geschrieben.
Alle übrigen Texte entstanden auf der Grundlage von Beiträgen
für die Zeitschrift „Reiterjournal" (Matthaes Verlag, Stuttgart),
in der Isabelle von Neumann-Cosel seit vielen Jahren für die
Reiterjugend schreibt.

TEXTE:
   Isabelle von Neumann-Cosel, Neckarhausen
LEKTORAT:
   Dr. Carla Mattis, Warendorf
KORREKTORAT:
   Stephanie Vennemeyer, Ahlen/Westfalen
TITELFOTO:
   Jean Christen, Mannheim
ILLUSTRATIONEN:
   Jeanne Kloepfer, Lindenfels
GESAMTGESTALTUNG:
   mf graphics, Marianne Fietzeck, Gütersloh
DRUCK UND VERARBEITUNG:
   mediaPrint, Paderborn

ISBN 3-88542-373-1

EINE WICHTIGE ANMERKUNG IN EIGENER SACHE

Geschichten sind Erfindungen und keine Berichte über etwas, das sich so und nicht anders irgendwann und irgendwo abgespielt hat. Auch die Geschichten in diesem Buch sind Erfindungen - mit einer einzigen, wichtigen Ausnahme: Die Pferde, von denen hier erzählt wird, haben lebendige Vierbeiner zum Vorbild. Denn wenn meine Fantasie auch ausreicht, um mir Pferde liebende Mädchen und Jungen, Ausbilder und ihre Eltern vorzustellen - vor Pferden versagt meine Einbildungskraft.

Jahrzehntelange Erfahrungen mit Pferden haben mich gelehrt, dass jedes Einzelne eine unverwechselbare Persönlichkeit darstellt. Meine Erlebnisse mit Pferden waren und sind vielfältiger, spannender und interessanter, als ich es mir ausdenken könnte.

Den vielen Pferden, die ich kennen lernen durfte, gilt mein besonderer Dank: ohne sie hätte ich dieses Buch nicht schreiben können.

Ich widme dieses Buch allen pferdebegeisterten Jugendlichen - insbesondere meinen Töchtern Sarah, Valerie und Hanni, die geduldige, aufmerksame, kritische und hilfreiche erste Leserinnen meiner Geschichten waren.

Isabelle von Neumann-Cosel

Inhalt

Das falsche Pferd

Heiligabend sollte der schönste Tag im Leben von Alice werden. Endlich hatten ihr die Eltern den Wunsch nach einem eigenen Pferd erfüllt, endlich war sie stolze Pferdebesitzerin. Wenn da ihre nagenden Zweifel nicht gewesen wären...

Alice war unbestreitbar das glücklichste Mädchen der Welt. Wer bekommt schon ein leibhaftiges, lebendiges Pferd unter den Tannenbaum gestellt? Noch dazu eines, das man sich selbst ausgesucht hat?

Natürlich stand ‚GANOVE' nicht wirklich unterm Tannenbaum. Er hatte eine frisch gestrichene Außenbox in der Reitanlage ‚TANNENECK' bezogen. Alice würde den wunderschönen Dunkelfuchs mit seinen vier gleichmäßig weißen Fesseln und dem untadelig regelmäßig gezackten Stern von heute an täglich reiten dürfen.

‚GANOVE' war ein tolles Pferd - nicht nur brillant aussehend, sondern auch hoch veranlagt.

„Nächstes Jahr geht der L-Dressur und L-Springen", hatte ihr Reitlehrer gesagt.

Und sie hatte sich in ihren Träumen schon an der Spitze der Siegerehrung gesehen, mit der flatternden goldenen Schleife am Stirnband...

Das glücklichste Mädchen wer Welt saß unter dem Weihnachtsbaum, packte einen riesigen Karton aus und unterdrückte ein paar vorwitzige Tränen.

„Na ja, es ist ja keine so richtige Überraschung", sagte ihre Mutter lächelnd. „Aber Sattel und Trense brauchst du ja jetzt, nicht wahr?"

Alice entfernte Seidenpapier und schluckte. Vor ihr lagen eine blitzende Trense mit Messingstirnband und ein funkelnagelneuer Sattel - in dunkelbraunem Leder. Das Lederzeug würde scheußlich aussehen auf einem Dunkelfuchs. Für eine hellbraune Stute, da würde es natürlich wunderbar passen. Der Gedanke daran ließ die ersten paar Tränen unaufhaltsam rollen. Gut, dass beim Kerzenlicht ihr Gesicht nicht so gut zu sehen war.

„Wir fahren nachher noch in den Stall", mischte sich ihr Vater ein. „Sicher willst du dein Geschenk persönlich begrüßen!"

„Na klar!" So viel betonte Munterkeit in ihrer Stimme ließ ihre Mutter normalerweise skeptisch werden. Aber am Heiligabend sind vielleicht selbst Mütter nicht ganz so wachsam wie sonst.

EIN TOLLES PFERD

Und jetzt saß das glücklichste Mädchen der Welt im Auto auf der Rückbank, unterwegs nach Stall ‚TANNENECK',

und gab sich gar keine Mühe mehr, die lautlos kullernden Tränen zu stoppen. Es gab keinen Ausweg - sie selbst hatte sich in genau diese Lage gebracht, aus Eitelkeit und Träumerei. Kein anderer hatte auch nur die geringste Schuld daran, schon gar nicht ihre Eltern. Die hatten schließlich von Pferden keine Ahnung.

Trotzdem erfüllten sie ihr liebevoll und großzügig den Wunsch nach einem eigenen Pferd. Nach einem wunderschönen, hoch veranlagten, teuren Pferd. Einem Pferd, das sie sich selbst ausgesucht hatte.

Wenn da nicht ihre langsam aufkommenden Zweifel gewesen wären... In den letzten Tagen hatte sich bei Alice langsam, aber unaufhaltsam eine äußerst unangenehme Einsicht breit gemacht: ,GANOVE' war unzweifelhaft ein tolles Pferd, aber nicht für sie. Sie war nämlich keine tolle Reiterin, sondern nur geduldig und gefühlvoll - und etwas ängstlich.

Beim Ausprobieren war sie einigermaßen mit ,GANOVE' zurechtgekommen. Aber selbst da war er ihr nicht ganz geheuer gewesen. Und dabei hatte der Reitlehrer ihn vorher schon longiert!

Sie würde mit diesem temperamentvollen, selbstbewussten, anspruchsvollen Pferd nicht fertig werden; nicht einmal, wenn sie es bereiten ließ. Ihr Reitlehrer würde höchstens zweimal in der Woche dafür Zeit haben. An den restlichen Tagen war sie ganz allein für ,Ganove' verantwortlich.

In den letzten vierzehn Tagen hatte sie ihr zukünftiges Pferd jeden Tag selbst geritten. Aber eben nicht allein! Dreimal in der Woche saß der Reitlehrer morgens auf ,GANOVE', an den übrigen Tagen ein Lehrling. Und selbst dann noch

kam er ihr reichlich frisch vor, wenn sie ihn aus dem Stall holte.

Manchmal sprang er unmotiviert zur Seite und sie verstand nicht warum. Ihr Vertrauen in das Pferd wuchs nicht etwa, es schwand dahin. Und was das Schlimmste war: Sie hatte manchmal direkt das Gefühl, dem Pferd auf die Nerven zu fallen.

,Ganove' war flott und manchmal stürmisch, aber er nahm es nicht übel, wenn er energisch zur Ordnung gerufen wurde. Das war allerdings eine Sache, die Alice nicht beherrschte. Sie verhandelte lieber vorsichtig mit den Pferden – und der Dunkelfuchs nutzte ihre Sanftheit regelmäßig aus.

Sie konnte sich genau ausmalen, wie ihr Reitstil in nächster Zukunft aussehen würde: „Wie ein Schluck Wasser in der Kurve", pflegte ihr Reitlehrer zu solchen armseligen Vorführungen zu sagen.

Wenn sie Angst hatte, fühlte sie sich wie gelähmt. Kopf und Körper, Arme und Beine gehorchten einfach nicht mehr. Sie würde auf dem Fuchs mehr klemmen als sitzen und unweigerlich an den Zügeln ziehen. Kein Pferd konnte das leiden und schon gar kein zukünftiger Kracher, wie es dieser Dunkelfuchs war. Und ,Ganove' würde viel zu schnell herausfinden, dass er in einer Auseinandersetzung mit ihr immer als Sieger vom Platz gehen konnte...

Liebling ,Lady'

Wie viel lieber würde Alice an all diesen Tagen die ,Lady' reiten! Die kleine, hellbraune Stute aus dem Schulbetrieb war ihr erklärter Liebling gewesen. Und natürlich war ihre erste Wahl auf ,Lady' gefallen, als sie ein eigenes Pferd

bekommen sollte. Mit ‚Lady' war sie vertraut. Auf ‚LADY' hatte sie ihre ersten Turnierschleifen gewonnen. Auf ihr hatte sie alles gelernt, worauf sie stolz sein konnte: einen ordentlichen Sitz und ein Pferd an den Zügel zu stellen. ‚LADY' hatte sie durch die Prüfung zum kleinen bronzenen Reitabzeichen getragen und zum ersten Sieg beim Jugendturnier im Verein. ‚LADY' hatte sie nie im Stich gelassen...

Alles war bereits abgemacht gewesen.

„Wenn die Stute nicht mehr im Schulbetrieb geht und sich ein bisschen erholt hat, wird sie sich noch enorm steigern können", hatte der Reitlehrer zu ihren Eltern gesagt. „Alice kann sicher mit ihr in E- und A-Dressuren starten und ein E-Springen geht sie auch, vielleicht sogar ein leichtes A."

Und dann war dieser ‚GANOVE' als Verkaufspferd im Stall aufgetaucht. Es war Liebe auf den ersten Blick. So ein fantastisches Pferd, da waren sich Alice und alle ihre Freundinnen einig, hatte es bis zu diesem Zeitpunkt im Stall ‚TANNENECK' noch nicht gegeben. Alice redete von nichts anderem mehr; ‚GANOVE' war ihr erstes Wort nach dem Aufwachen und das letzte vor dem Einschlafen. Und natürlich träumte sie auch von ihm.

Alice war ein Einzelkind. Und als solches wusste sie sehr genau, wie man Eltern in entscheidenden Fragen weich klopft. In dieser Frage machten sie es ihr so schwer wie noch nie zuvor. Aber am Ende hatte sie mit Bitten, Tränen, Wutanfällen und Trotz ihren Willen durchgesetzt. Der Kaufvertrag für ‚LADY' wurde wieder rückgängig gemacht und stattdessen der Kauf von ‚GANOVE' besiegelt.

Alice hatte den skeptischen Unterton in der Stimme ihres Reitlehrers noch genau im Ohr: „Das wird aber eine große Herausforderung für dich!"

Noch ein paar Tage lang hatte Alice sich im Glanz der Träume von ihren zukünftigen Reiterfolgen gesonnt, bis ihr ganz langsam Zweifel über Zweifel gekommen waren. Aber mit wem hätte sie darüber reden können?

Heute war Heiligabend, ab heute würde ‚GANOVE' ihr gehören. Und sie hatte schlichtweg Angst vor dem Pferd, Angst davor, sich zu blamieren, Angst, ihre Eltern zu enttäuschen. Gestern Abend spät war sie noch im Stall gewesen, hatte ihre Nase in das weiche Fell von ‚LADY' gedrückt und ihr unter leisem Schluchzen alles erzählt. Wem sonst hätte sie diese blamable Geschichte anvertrauen können? ‚LADY' verstand alles, verzieh alles, war niemals schlecht gelaunt oder unwillig. Und jetzt hatte sie selbst die Stute im Stich gelassen!

DER ALTE CHARLY

Neben Alice auf der Rückbank des Autos lag das Sattelzeug.

„Wir können beides noch umtauschen", hatte ihre Mutter versichert. „Aber wir haben uns natürlich von deinem Reitlehrer beraten lassen."

Alice schwieg. Eine passende Ausrüstung war nicht gerade ihr größtes Problem. Sattelzeug konnte man umtauschen, ein Pferd dagegen... Verzweifelt kämpfte sie gegen das verräterische Schniefen an. Sie kramte in den Tiefen ihrer Hosentasche nach einem Taschentuch. Warum waren diese Dinger nie da, wenn man sie dringend brauchte?

Zehn Minuten später trottete Alice hinter ihren Eltern her in den Reitstall. Ihr Kopf hämmerte. Sie musste sich zusammenreißen, Begeisterung zeigen. Da - da war sie, die für ‚GANOVE' reservierte Box. Ihr Vater riss überschwenglich die Tür auf.

„Komm, begrüße dein Weihnachtsgeschenk!"

Alice machte zwei zögernde Schritte vorwärts. Eine Pferdenase schob sich ihr entgegen. Sie war neugierig, freundlich und eindeutig - braun.

„Lady!" Alice machte einen Satz vorwärts und fiel dem Pferd um den Hals. Sie lachte und weinte gleichzeitig, während sie ihre Mutter sagen hörte:

„Wir dachten, es wäre doch das richtige Pferd für dich!"

‚Es gibt noch Wunder', dachte Alice, ‚richtige Weihnachtswunder!' Und sie machte sich von ‚Lady' los, um abwechselnd ihre Eltern zu umarmen.

Keiner der drei hörte, wie die Tür vom Stall in die Pflegerwohnung leise zuklappte. Der alte Charly, seit vielen Jahren Pfleger im Stall ‚Tanneneck', hatte genug gesehen und gehört. Wie gut, dass er gestern abend wie üblich im Stall noch einmal leise nach dem Rechten gesehen hatte, während Alice ihrer ‚Lady' das Unglück mit ‚Ganove' ins Ohr weinte...

Das Interview

Nach einer alten Reiterweisheit sollte man das Denken den Pferden überlassen, denn die haben die größeren Köpfe... Was nun wirklich nicht von der Hand zu weisen ist. Wenn man manchmal nur wüsste, was in diesen Köpfen so vorgeht! Aber diesem Mangel kann nun endlich abgeholfen werden. Der Pferdeflüsterer Leo Hoppel hat die Brumm-, Prust- und Schnaubsprache der Pferde entschlüsselt. Und damit nicht genug: Er kann auch mit Pferden sprechen. Zum Beispiel mit ‚PRINZ EISENHERZ'...

Leo Hoppel: ‚PRINZ EISENHERZ', bitte berichte doch einmal, was dir im Laufe einer Reitstunde so alles durch den Kopf geht. Vielleicht gibt es in jüngster Zeit eine Stunde, die dir besonders in Erinnerung geblieben ist? Vielleicht aus den kalten Tagen Ende Januar, Anfang Februar?

Prinz Eisenherz *(kichernd):* Da fällt mir etwas ein. Wo soll ich anfangen?

Leo Hoppel: Vielleicht beim Fertigmachen im Stall?

Prinz Eisenherz: In Ordnung. Also - es muss ein Montagabend gewesen sein. Montag kommt sie immer spät...

Leo Hoppel: Vielleicht erklärst du mir erst einmal, wer ‚sie‘ ist?

Prinz Eisenherz: Okay, okay. Mit ‚sie‘ ist natürlich mein Mädchen gemeint. Ich habe sie Weihnachten vor einem Jahr geschenkt bekommen - sie ist wirklich ganz nett, bis auf eine fixe Idee: Sie denkt allen Ernstes, ich gehöre ihr.

Na ja, sie ist noch ziemlich jung und vermutlich noch nicht so lebenserfahren. Also mache ich gute Miene zum bösen Spiel - wenn ich es auch besser weiß. Sie heißt übrigens Anke und ist sieben Jahre älter als ich, nämlich fünfzehn.

Leo Hoppel: Und an diesem speziellen Montagabend...

Prinz Eisenherz: Immer mit der Ruhe! Ich bin doch schon dabei... Also, sie kam spät. Und ich kann den Montag nicht besonders gut leiden. Das hat mehrere Gründe. Erst einmal ist das der so genannte „Stehtag“ - eine hirnrissige Erfindung von Zweibeinern. Meine Kollegen aus dem Schulstall stehen sich an dem Tag die Beine in den Bauch.

Zum Glück hat mein Mädchen so viel Anstand, mich nicht einen ganzen Tag lang in der Box einzusperren. Aber von Sonntagvormittag, wo ich zum letzten Mal draußen war, bis Montagabend ist es verdammt lang. Und zu fressen gibt es am Stehtag bloß die Hälfte!

Leo Hoppel: Und an diesem speziellen Montagabend...?

Prinz Eisenherz: Wenn man mich nur ausreden ließe! Ich wollte damit nur meine Laune erklären. An diesem Montag war es außerdem kalt, so richtig schön knackig

kalt. Und da soll man stundenlang ruhig in der Box stehen bleiben...

Ich hatte es verständlicherweise ziemlich eilig, meinen Stall zu verlassen und zum Putzplatz zu kommen. Bei Anke dagegen geht bei Kälte immer alles besonders langsam. Das haben übrigens alle Zweibeiner so an sich - vielleicht kannst du mir das erklären?

Leo Hoppel: Darüber sprechen wir vielleicht später. Ich würde gern wissen, was an diesem Montagabend...

Prinz Eisenherz: Ist ja schon gut. Also ich tänzelte zum Putzplatz, Anke schlich. Ich bewegte mich in freudiger Erwartung auf den Sattel zu, Anke ermahnte mich missmutig zur Ruhe. Ich wollte losmarschieren, Anke holte erst noch einmal eine riesige warme Decke und so weiter. Als wir endlich in der Halle waren, hätte ich am liebsten mal so einen Luftsprung gemacht. Nur einen ganz kleinen. Aber diese Zweibeiner sind ja solche Spielverderber!

Anke stieg also auf, ließ diese teppichgroße Decke über mir hängen und wickelte sich auch noch in das eine Ende ein. Also ich friere ja so gut wie nie - sonnenklar, dass Reiter diese Labberdinger nur für sich selbst anschaffen.

Leo Hoppel: Könntest du vielleicht zur Sache...

Prinz Eisenherz *(ungeduldig)*: Die Sache mit der Decke gehört dazu! Soll ich nun erzählen oder nicht?

Leo Hoppel: Aber bitte doch...

Prinz Eisenherz: Nicht, dass es meinen Kolleginnen und Kollegen anders gegangen wäre. Ich musste immer erst zweimal hingucken, um überhaupt zu erkennen, wer jeweils darunter steckte. Aber nach einer Weile konnte ich doch etwas erkennen: dass es nämlich den anderen

genauso ging wie mir, in Sachen Lust zum Luftsprung meine ich.

Anke dagegen auf meinem Rücken fühlte sich ziemlich ungewohnt wie ein steifes Gepäckstück an, nicht besonders vielversprechend zu Beginn einer Reitstunde. Aber ich bin ja ein gut erzogenes Pferd...

Leo Hoppel: Und dann?

Prinz Eisenherz: Ja, und dann legte sie endlich die Decke ab und wir fingen an zu traben. Also habe ich mal richtig den Vorwärtsgang eingeschaltet, um Anke ein bisschen aufzumuntern. Aber sie wusste das gar nicht zu schätzen! Kennst du das Gefühl, wenn jemand oben auf dem Rücken irgendwie nicht mitkommt?

Leo Hoppel *(verlegen)*: Eher weniger...

Prinz Eisenherz: Ach so, natürlich. Das fühlt sich an wie eine Last, die nicht an der richtigen Stelle liegt, einfach unangenehm. Und statt mich für meinen Eifer zu loben, fing diese Anke dann auch noch an, an den Zügeln zu ziehen.

Diese Art Rechthaberei kann ich gar nicht leiden. Also zog ich dagegen. Nicht brutal natürlich, man ist ja höflich gegenüber Schwächeren. Aber sie konnte schon genau merken, wie wenig mir diese Bremse Spaß machte.

Leo Hoppel: Und was passierte dann?

Prinz Eisenherz *(wieder kichernd)*: Plötzlich kamen ein, zwei meiner Kollegen in Sicht und ich konnte sehen, dass es ihnen ähnlich ging wie mir. Und da hatte ich eine originelle Idee!

Leo Hoppel: Und die wäre?

Prinz Eisenherz: Oben in der Ecke von der Halle schwenkte ich mal unauffällig mein Hinterteil zur Seite.

Zack, donnerte mein äußerer Hinterhuf an die Bande und es polterte so richtig schön laut. Also hatte ich einen prima Grund für einen erstklassigen Bocksprung.

Mag sein, dass ich ein kleines bisschen übertrieben habe - Anke kam jedenfalls vor mir im Hallensand zu sitzen. Sehr lustig!

Leo Hoppel *(frostig)*: Lustig, so, so. Und dann?

Prinz Eisenherz *(sichtlich amü-siert)*: Ja, meine Kollegen fanden die Idee ganz prächtig. Und so endete diese Reitstunde doch noch in bester Stimmung. Wir Pferde tobten alle äußerst vergnügt durch die Halle, und unsere Zweibeiner durften ihre Beine selbst zum Laufen benutzen!

Wenn es nach mir ginge, könnte das Programm öfters mal so ablaufen.

Leo Hoppel: Äh, em, ich danke dir für das aufschlussreiche Gespräch.

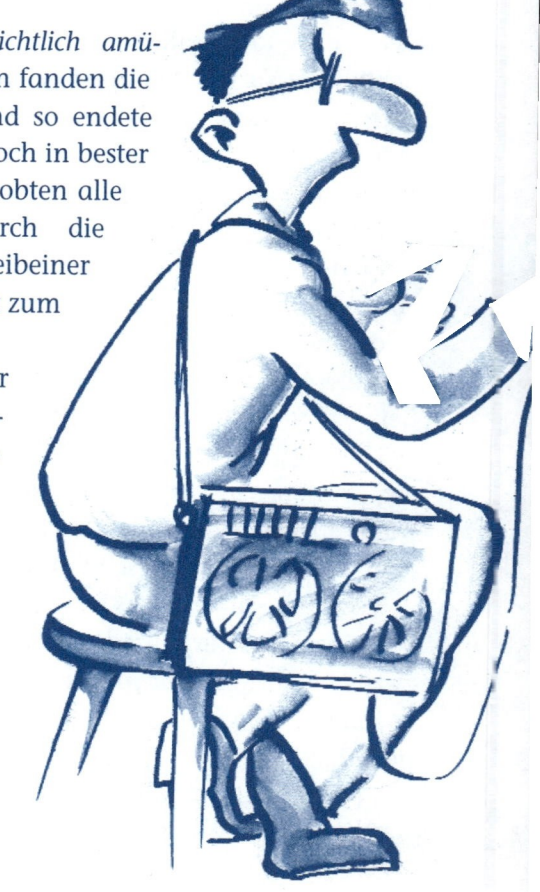

Johannes am Start

*Wie viele junge Reiterinnen träumt auch Moni davon, Reit-
ausbilderin zu werden. Ihr großes Ziel ist die Reitwartprüfung.
Als sich ihr die Gelegenheit bietet, eine Zeit lang den Reitlehrer bei der Jugendarbeit zu vertreten, kann sie in die Rolle der
Ausbilderin hineinschnuppern. Aber ihre Aufgabe ist schwieriger, als sie es sich vorgestellt hat - ungeahnte Probleme tau-
chen auf. Eines dieser Probleme ist ein netter Junge namens
Johannes...*

UND DAS ALLES AM SONNTAGMORGEN

Missmutig stapfte das mausgraue Islandpony durch die
volle Reithalle, ohne sich im Geringsten um den kleinen,
ängstlichen Jungen auf seinem Rücken zu kümmern. Erst
als die zierliche, blonde Frau, die zu Fuß nebenherging,
energisch mit ihrer Peitsche fuchtelte, bequemte es sich zu
einem Zuckeltrab. Das Kind auf seinem Rücken erschrak,
ließ die Zügel fallen und hielt sich mit beiden Händen vorn
am Sattel fest. Das Pony schüttelte den Kopf und die durch-
hängenden Zügel schlackerten.

Die junge Frau fing an zu laufen, um wieder auf gleiche Höhe mit dem Isländer zu kommen, aber auch das Pony beschleunigte sein Tempo. Es trabte jetzt die lange Seite hinunter Richtung Ausgang. Ohne jegliche Vorwarnung zog es ein Stückchen nach links und setzte zum Sprung über die geschlossene Bandentür nach draußen an. Die Bande war fast 1,30 Meter hoch, aber das Pony berührte nicht einmal die Oberkante, während das Kind nach rückwärts in die Reithalle kippte. Mit Donnergepolter verschwand der Graue im gegenüberliegenden Stall.

Einen Augenblick lang herrschte bedrohliche Stille in der Reithalle, die an diesem Sonntagmorgen während der unterrichtsfreien Zeit von vielen Privatpferdereitern genutzt wurde. Dann geschahen mehrere Dinge gleichzeitig: Die junge Frau hatte ihren am Boden liegenden Sohn erreicht und redete mit hoher, ängstlicher Stimme auf ihn ein. Das Kind fing an zu weinen; ob vor Schmerz oder nur vor Schreck, war nicht zu erkennen. In der Hallentür erschien der Dienst habende Pferdepfleger und schrie lauter, als es eigentlich nötig gewesen wäre:

„Is was passiert? Der ‚SLEIPNIR' is grad in seine Box gerast, mit Sattel und Trense noch drauf!"

Die Reiter in der Halle hatten ihre Pferde durchpariert und wagten nicht weiterzureiten. Mit dem lauten Ruf „Tür frei!", öffnete ein schlankes, dunkelhaariges Mädchen die Bandentür.

Sie wandte sich mit ruhiger, leiser Stimme an Mutter und Kind und erreichte in kürzester Zeit, dass beide zu Fuß die Halle verließen. Der Junge hatte offensichtlich bei seinem Sturz nicht mehr als einen Schrecken davongetragen.

„Reiten Sie bitte ruhig weiter, es ist nichts Ernsthaftes passiert!", rief das Mädchen noch den abwartenden Reitern zu, bevor sie die Bahn verließ.

Moni hatte nicht mehr die geringste Lust, dieser Aufforderung Folge zu leisten. Dabei hatte sie sich so darauf gefreut, ‚NACHTIGALL' reiten zu dürfen. Aber es war einfach alles schief gegangen an diesem Morgen...

Für jemanden wie sie, der noch nicht lange zum Stall Rosenberg gehörte und sonst nur Schulpferde ritt, war es eine ungeheure Chance, das Lehrpferd des Reitlehrers unterm Sattel zu haben. ‚NACHTIGALL' war eher unscheinbar, klein, mittelbraun und nicht einmal besonders hübsch – aber sie hatte Platzierungen in Dressurprüfungen der Klasse S vorzuweisen.

Aber wenn ‚NACHTIGALL' auch jetzt noch, in ihrem vorgerückten Alter, Traversalen und fliegende Galoppwechsel sozusagen im Schlaf absolvierte, war es doch schwierig, sie aus diesem Schlaf aufzuwecken.

Vergangenen Mittwoch, als Moni zum ersten Mal auf ‚NACHTIGALL' gesessen hatte, da waren die erbarmungslosen Korrekturen ihres Reitlehrers Falk Rosenberg auf sie niedergeprasselt. Er hatte ihr klargemacht, dass ‚NACHTIGALL' zwar alle geforderten Lektionen absolvierte, aber unter Vermeidung jeglicher Anstrengung.

An diesem Sonntagmorgen durfte Moni die Stute ohne das strenge Auge des Ausbilders reiten. Aber ‚NACHTIGALL' ging einfach überhaupt nicht vorwärts – da halfen auch nicht die vier weißen Bandagen und die Schabracke, die sie aus eigenen Beständen extra für diesen Auftritt lockergemacht hatte. Professionell nach Dressurreiterei hatte es

aussehen sollen, und ganz heimlich hatte Moni sich schon eine Szene ausgemalt: Gleich nach ihrem Auftritt unter den Privatreitern standen gleich mehrere Pferdebesitzer bei ihr Schlange mit der Frage, ob Moni nicht Zeit und Lust hätte, ihre Pferde zu reiten...

Wie anders sollte Moni ihren Wunschtraum, in diesem Sommer die Reitwartprüfung zu schaffen, Wirklichkeit werden lassen? Ihr Vater hatte, so kurz vor dem Abitur, die Finanzierung des Lehrgangs rundweg abgelehnt – wie er überhaupt ihrer Reiterei höchst kritisch gegenüberstand.

So wusste er auch nicht, war die Tatsache, dass Moni bereits zum Vorreiten der Bewerber in der Landesreitschule Wülfrath gewesen war und diesen Test bestanden hatte – freilich mit der Maßgabe, ihre Kondition zu verbessern und das Springen zu üben. Und das bei zwei Reitstunden pro Woche, die ihr Vater (unter ständigem Protest) finanzierte! Wenn Moni an Springstunden teilnehmen wollte, musste sie auf das Dressurreiten in der übrigen Woche ganz verzichten, denn die Springstunden kosteten das Doppelte einer normalen Verleihstunde. Nein, ohne kostenlose Reitgelegenheit konnte sie die Reitwartprüfung abschreiben.

EIN ÜBERRASCHENDES ANGEBOT

Und dann war der letzte Mittwoch gekommen, an dem Herr Rosenberg mitten in der Reitstunde zum Telefon gerufen wurde. Als er zurückkam, war er ganz blass und brachte die Stunde merkwürdig unkonzentriert zu Ende.

Danach rief er Moni zu sich: „Du willst doch den Reitwart machen", – (Moni hatte es ihm in einem Anfall von Redseligkeit erzählt) – „ich kann dir eine prima Gelegenheit

zum Üben verschaffen." Seine ironische Stimme wurde plötzlich ganz ernst. „Wirklich, es wäre eine große Hilfe für mich. Du weißt ja, in zehn Tagen ist dieses Jugend-Vergleichstumier auf Schulpferden in unserem Nachbarverein. Für unsere Jugendlichen ist das immer der Höhepunkt des Jahres. Und ausgerechnet jetzt muss ich wegfahren."

Er fuhr sich mit einer Hand durch das dunkle Haar, das in der Stirn schon stark gelichtet war. Die karierte Schirmmütze, ohne die Moni ihn noch nie gesehen hatte, drehte er nervös zwischen den Händen. „Ein Onkel von mir ist gestorben, und ich bin der glückliche Erbe seiner Besitztümer", erklärte Falk Rosenberg. Er versuchte zu grinsen, was in einer kläglichen Grimasse endete.

Moni spürte die Trauer hinter dem Mienenspiel, aber es fiel ihr beim besten Willen keine Antwort ein. Bisher hatte Falk Rosenberg kaum ein persönliches Wort mit ihr gewechselt. Er war einfach der Chef gewesen, streng, aber gerecht, ein guter Reiter und geschickter Lehrer, der Moni das Eingewöhnen in diesem Reitstall leicht gemacht hatte.

„Du kennst ja vielleicht schon meine Tochter Elisabeth", fuhr er fort.

Und ob sie die kannte! Kennen war aber eigentlich doch übertrieben – Moni hatte sie einige Male in der Halle reiten gesehen und war in ehrfürchtiger Bewunderung erstarrt. Sie mochte etwa gleich alt sein wie sie selbst, aber damit erschöpften sich die Gemeinsamkeiten auch schon. Elisabeth war klein und zierlich, superschlank, hatte ein schmales Gesicht, riesige braune Augen und lange, kerzengerade dunkle Haare, die sie am Hinterkopf in einem strähnchenweise eingeflochtenen, äußerst dekorativen Zopf bändigte.

Und sie konnte reiten... Unglaublich, welche Energie, Kraft und Geschicklichkeit diese zierliche Person auf dem Pferd entfaltete. Moni hätte ihr stundenlang beim Reiten zusehen können. Aber obwohl sie Elisabeth von ganzem Herzen bewunderte, war es noch nie zu einem Gespräch zwischen den beiden Mädchen gekommen. Elisabeth hielt sich überhaupt sehr abseits, und sie galt – bei aller Bewunderung, die man ihr zollte – unter den Jugendlichen als eingebildet.

Von Moni hätte das niemand gesagt. Dazu war sie viel zu sehr besorgt, es mit keinem unnötig zu verderben. Wenn sie nicht gerade spezielle Sorgen hatte, war sie freundlich und fröhlich und fand schnell Anschluss. Sie war mittelgroß und stämmig, nicht gerade dick, aber doch so kräftig gebaut, dass sie zu ihrem Leidwesen viele modische Trends nicht mitmachen konnte. Ihre aschblonden Haare waren von Natur aus so stark gekraust, dass sie immer wie eine frische Dauerwelle aussahen und sich in keine der von Moni geschätzten Frisuren bändigen ließen. Schließlich war es bei einem weniger dekorativen als praktischen Kurzhaarschnitt geblieben. Moni hatte graublaue Augen, Grübchen, Sommersprossen und somit nicht den geringsten Grund, sich irgend etwas einzubilden. Auch auf ihre Reitkünste nicht – unter den Schulpferdereitern galt sie als erfahren und geschickt, aber für die Privatpferdebesitzer war sie bislang schlicht und einfach Luft gewesen.

„Du hast vielleicht schon gehört, dass Elisabeth bei Rehbein eine Bereiterlehre macht."

„Ist ja toll", sagte Moni automatisch. ‚REHBEIN', dachte sie – „was würde ich darum geben, einmal bei ihm eine Reitstunde zu haben!"

„Ja, nicht wahr", sagte Herr Rosenberg, „er ist nicht nur ein hervorragender Reiter, sondern auch ein phantastischer Ausbilder. Aber Elisabeth muss sich ganz schön ranhalten. Sie kann unmöglich in der nächsten Woche hier Unterricht geben, wenn ich nicht da bin. Und zehn Tage dauert es vermutlich, bis die Erbschaftsangelegenheiten geregelt sind." Er machte eine Pause.

„Also – würdest du die Jugendgruppe übernehmen, ich meine, die Vorbereitung für dieses Turnier und natürlich auch beim Turnier selbst dabei sein? Ich glaube, du hast ein Händchen für diese Aufgabe, und eine gute Vorübung für den Reitwart wäre es schließlich auch." Jetzt schmunzelte er mit der gewohnten Selbstsicherheit.

„Wenn Sie mir das zutrauen", – Moni fühlte sich überrumpelt, aber natürlich auch geschmeichelt.

„Na klar!" Er kramte in seinem Schreibtisch. „Hier irgendwo muss die Ausschreibung sein – da ist sie ja. Und hier ist die Liste mit den Mitgliedern der Jugendgruppe. Da stehen auch die Geburtsdaten drauf. Die Berittmachung überlasse ich dir. Es sollen möglichst viele mitmachen."

Er überlegte einen Moment und fügte dann schnell hinzu: „Und Johannes, der soll unbedingt an den Start."

DIE SACHE MIT DER VERANTWORTUNG

Moni hatte in der darauf folgenden Stunde die ‚NACHTI-GALL' reiten dürfen, und Herr Rosenberg hatte ihr die Stute auch für den Sonntag angeboten, wohl als eine Art Entgelt für ihren Einsatz.

Das war alles erst letzten Mittwoch gewesen, aber es schien Moni, als seien inzwischen Wochen vergangen. In ein paar wenigen Tagen hatte ihr Job als Reitlehrerin sie

vor eine Fülle von Problemen gestellt, denen sie sich eigentlich nicht gewachsen fühlte. Und der unerfreuliche Höhepunkt war diese Reitstunde am Sonntag, auf die sie sich so gefreut hatte! Erst war es ihr schon nicht gelungen, ‚NACHTIGALL' in der überfüllten Halle den nötigen Vorwärtsdrang zu entlocken. Sie probierte ein paar Lektionen, aber sie spürte selbst, wie wenig die Ausführungen mit richtigem Reiten zu tun hatten. Dauernd kreuzte jemand ihren Weg. Zu allem Übel war auch noch diese Frau mit dem Isländer und dem kleinen Jungen in die Halle gekommen - ein Verkehrshindernis erster Güte. Irgendwann musste bei so offenkundigem Leichtsinn gepaart mit Ahnungslosigkeit einmal etwas passieren! Dabei hatte wohl der persönliche Schutzengel des Jungen seine Hand im Spiel gehabt. Was, wenn das Kind nicht rückwärts in die Halle, sondern vorwärts auf den Asphalt gestürzt wäre?

Um das Fass zum Überlaufen zu bringen, war auch noch Elisabeth gekommen! Wer weiß, wie lange sie schon vorher an der Bande gestanden und Monis vergeblichen Bemühungen auf ‚NACHTIGALL' zugeschaut hatte? Ausgerechnet Elisabeth, die – wie Moni selbst einmal gesehen hatte – die kleine braune Stute zum Tanzen und Schweben bringen konnte!

Moni schoss das Blut ins Gesicht. Der Sonntag war ihr gründlichst verdorben. Und bis heute Mittag musste sie die Entscheidung gefällt haben... Sie hob den Kopf, sah die Bandentür vor sich, über die das Pony gesprungen war, und plötzlich wusste sie: Sie konnte es nicht zulassen. Nein – das Risiko war einfach zu groß, sie durfte die Verantwortung dafür nicht übernehmen. Johannes würde sich mit ‚KREUZ-

RITTER' begnügen müssen, so Leid es ihr auch tat.

Aufseufzend stieg Moni ab, schob die Bügel hoch, lockerte den Sattelgurt und führte ihr Pferd Richtung Stall. Sie war sich plötzlich gar nicht mehr so sicher, ob sie wirklich gern Reitausbilderin werden wollte.

Während sie sich ihren trüben Vorahnungen hingab, schenkte sie der Stute an ihrer Hand nicht die geringste Aufmerksamkeit. Das war ein Fehler, denn plötzlich spürte sie ‚NACHTIGALLS' linken Vorderhuf höchst unsanft auf ihrem rechten kleinen Zeh landen. Moni schrak auf und sah, dass ‚NACHTIGALL' einer im Wege stehenden Schubkarre ausgewichen war. Der Stute war also kein Vorwurf zu machen – aber Moni konnte nicht verhindern, dass ihr ein paar Tränen über die Backen liefen. Der Schmerz im Fuß war das Tüpfelchen auf dem „i", das gerade noch gefehlt hatte, um sie aus der Fassung zu bringen.

Gegenüber von ‚NACHTIGALLS' Box hatte ‚SLEIPNIR' seinen Platz. Ohne besonders darauf zu achten, registrierte Moni, dass ‚SLEIPNIRS' Besitzerin vor der Box stand und einem Reiterkollegen den Unfallhergang erzählte: „...und plötzlich, aus heiterem Himmel, rennt das Biest los und springt über die Tür! Ich kann einfach nicht begreifen, was in das Tier gefahren ist!"

„Da kann ich ihnen vielleicht helfen." Die leise Stimme klang durchaus nicht freundlich.

Moni blickte auf und sah Elisabeth vor ‚SLEIPNIRS' Box stehen. Das andere Mädchen fuhr in der gleichen Tonart fort:

„Erstens ist ein Isländer kein Kinderspieltier, sondern ein ausgewachsenes Pferd, das auch einen Erwachsenen trägt. Zweitens ist er ein Robustpferd und gehört nicht dauernd in eine Box, sondern auf eine Weide oder wenigstens in einen

Auslauf, damit er sich genug Bewegung verschaffen kann. Drittens braucht er nicht einmal die Hälfte von dem Hafer, den er hier bekommt. Viertens lasten ihre Kinder das Pony überhaupt nicht aus, es fehlt ihm an ernsthafter Arbeit. Und fünftens ist es sowieso gefährlich, mit der Longierpeitsche in der Hand hinter einem Pferd herzulaufen."

Eine gespannte Stille folgte. Selbst Moni hielt den Atem an. Was würde ‚SLEIPNIRS' Besitzerin wohl antworten?

Sie sagte erst einmal gar nichts, sondern schnappte hörbar nach Luft. Dann zischte sie: „Ich kann mich nicht erinnern, Sie nach Ihrer Meinung gefragt zu haben", und verließ hoch erhobenen Hauptes den Stall.

„Blöde Kuh!"

Moni erschrak. Hatte sie das wirklich laut gedacht? Nein, Elisabeth war dieser wenig schmeichelhafte Ausdruck herausgerutscht. Moni guckte Elisabeth an, Elisabeth guckte Moni an, und wie auf Kommando begannen beide ein schüchternes Grinsen.

DU BIST DIE REITLEHRERIN

„Hallo", machte Elisabeth den Anfang, „mein Vater hat mir gesagt, dass du dich um die Jugendgruppe kümmerst. Das finde ich ganz toll. Wie kommst du denn zurecht? Ich meine, wenn ich dir was helfen kann... Ich bin allerdings nicht so besonders diplomatisch, wie du gerade gehört hast."

Moni lächelte: „Du warst doch völlig im Recht."

„Ja", meinte Elisabeth trocken, „aber das spielt in diesem Fall überhaupt keine Rolle. Ich hab nur erreicht, dass die Frau sauer auf mich ist. Ich wusste es vorher, aber ich kann einfach mit solchen Leuten nicht umgehen. Dabei gehört es

zu meinem späteren Beruf." Sie seufzte. „Bist du denn mit den Jugendlichen klar gekommen? Ich meine, wer auf welches Pferd und so weiter?"

Noch bis eben hatte Moni sich mit ihren Problemen ganz allein gefühlt. Und jetzt war es plötzlich die selbstverständlichste Sache der Welt, neben Elisabeth auf dem zur Einstreu bereitliegenden Strohballen vor ‚NACHTIGALLS' Box zu sitzen und von ihren Erfahrungen als Reitlehrerin zu erzählen. Sie berichtete von ihren Schwierigkeiten, sich die Namen der vielen Mädchen (und wenigen Jungen) zu merken; von ihren Versuchen, die Ausschreibung für das Vergleichsturnier zu enträtseln; mit der Altersliste in der Hand einen Plan für die Berittmachung zu entwerfen. Und natürlich erzählte sie von Johannes.

Elisabeth wusste sofort, wer gemeint war, denn Johannes hatte eine nicht zu übersehende Besonderheit: ihm fehlten die Arme. Die beiden kleinen Hände saßen dicht an den Schultern. Er ritt mit einem speziellen Vorderzeug, das seine viel zu hohe Zügelführung erstaunlich gut ausglich.

„Dein Vater hat gesagt, Johannes soll unbedingt an den Start. Ich hab ihn mir also genau angeguckt. Er hatte den ‚KREUZRITTER', den reitet er wohl immer. Na ja, du kennst ja das Pferd, es ist eigentlich viel zu groß und zu massig für den zierlichen Jungen, aber er ist halt unheimlich brav. Und weißt du, der Johannes klemmt eben ziemlich mit den Unterschenkeln. Ein empfindliches Pferd würde wahrscheinlich losrennen. Der ‚KREUZRITTER' merkt natürlich auch, dass er keine Leuchte auf seinem Rücken hat und drückt sich nach Kräften. Aber man braucht wenigstens keine Angst zu haben, dass er irgendetwas Unvorhergesehenes tut."

„Dass er so mit den Unterschenkeln klammert, kommt vom Voltigieren", warf Elisabeth ein. „Der Johannes war in einer Voltigiergruppe mit körperbehinderten Kindern, die wir früher hier im Stall hatten. Eine Krankengymnastin aus der Schule, in die er geht, hat die Gruppe geleitet. Als sie wegzog, hat sich die ganze Sache aufgelöst. Nur der Johannes ist übrig geblieben. Er hat bei meinem Vater so lange gebohrt, bis er reiten durfte. Das hat aber eine ganze Weile gedauert, und erst musste er sich diesen Spezialzügel verpassen lassen."

„Ich glaube, wenn es ums Reiten geht, ist der Knabe ganz schön hartnäckig. Er imponiert mir irgendwie." Moni kaute nachdenklich an einem Strohhalm. Aber trotz allem – der kann doch unmöglich eine E-Dressur reiten! Der ‚KREUZRITTER' ginge die Aufgabe ja, aber nur unter einem starken Reiter. Johannes kriegt das Pferd ja kaum vorwärts, geschweige denn an den Zügel."

„Wer sagt denn E-Dressur?" Elisabeth war überrascht. „Lass ihn doch einen Reiterwettbewerb mitmachen."

„Das geht eben nicht." Moni stöhnte. „Johannes ist schon sechzehn. Die einfachen Reiterwettbewerbe sind nur bis zum Alter von fünfzehn Jahren ausgeschrieben."

„Was, der Knabe ist schon sechzehn? Sieht aber nicht danach aus, so klein wie er ist und mit seinen blonden Locken."

„Ja, ich finde auch, er hat irgendwie ein Kindergesicht", stimmte Moni zu, „aber es stimmt, er ist schon sechzehn, ich habe ihn extra gefragt. In der nächsten Stunde habe ich versucht, ihn zu korrigieren und ihm zu helfen, den ‚KREUZ-RITTER' an den Zügel zu kriegen. Da war natürlich nicht dran zu denken, aber ich hab gemerkt, dass er sich unheim-

liche Mühe gegeben hat, meine Korrekturen auszuführen. Und wenn er dann mal nicht geklammert hat, ging es auch viel besser. Eigentlich reitet er gar nicht schlecht, finde ich. Im Eifer des Gefechts hab ich dann zu ihm gesagt: ‚Zieh dich doch mal in den Sattel.'"

„O je", Elisabeth lächelte teilnahmsvoll. „Hat er dir das übel genommen?"

„Überhaupt nicht." Monis Stimme war noch die Erleichterung anzuhören. „Obwohl ich zuerst dachte, er würde absteigen. Er kam nämlich in die Mitte. Aber er wollte nur vorschlagen, ihm einen Halteriemen am Sattel anzuschnallen, ähnlich wie den Stehriemen am Voltigiergurt. Den Halteriemen habe ich als große Schlaufe im Angstriemen festgeschnallt, und damit ging es Klassen besser. Das hat mich dann auf eine Idee gebracht." Moni seufzte. Diese Idee tat ihr inzwischen schon gründlich leid.

„Nach der Stunde waren die Jugendlichen noch im Büro zusammen und haben geredet, natürlich nur über das Turnier, und wer mit welchem Pferd welche Chancen hätte und so weiter. Ich hatte die endgültige Pferdeverteilung noch gar nicht bekannt gegeben, aber es waren schon die wildesten Gerüchte im Umlauf. Ich hätte mich gar nicht drum gekümmert, wenn ich nicht zufällig das Stichwort ‚JOHANNES' gehört hätte." Empörung schwang in Monis Stimme mit.

„Der war offensichtlich nicht mehr dabei. Und die anderen hatten nichts Besseres zu tun, als über ihn herzufallen. ‚Der hat doch nichts in einer E-Dressur verloren! Der blamiert uns doch alle! Der vermiest uns die Mannschaftswertung!' Es ging hoch her."

„Und was hast du gemacht?"

„Zuerst wollte ich die Tür aufreißen und ein riesiges Donnerwetter loslassen. Aber dann habe ich mir was anderes überlegt. Irgendwie wollte ich nicht, dass Johannes nur aus Mitleid geduldet wird. Du kennst bestimmt Andrea, diese große Blonde, die war eine der Wortführerinnen. Sie reitet wirklich sehr gut, aber ich kann sie nicht verknusen. Sie kann ja ziemlich nett sein, aber nur so lange, wie alles nach ihrer Pfeife tanzt. Nein, irgendwie wollte ich erreichen, dass Johannes sich selbst gegen die anderen durchsetzen könnte!"

„Und wie wolltest du das schaffen?"

„In der nächsten Stunde habe ich Johannes auf ‚FLOCKE' gesetzt."

„Was, auf ‚FLOCKE'? Hattest du da keine Angst?"

„Doch", gab Moni zu. „Aber ich dachte, wenn er mal wirklich mit einem Pferd gut zurechtkommen soll, dann muss es ein sensibles, leicht zu lenkendes sein, dass gut vorwärts geht, nicht zu groß und weich zu sitzen ist – und das alles trifft halt nur auf ‚FLOCKE' zu."

„Stimmt", gab Elisabeth zu. „Aber sie kann halt auch mal einen Satz machen, und manchmal scheut sie ziemlich unangenehm!"

„Sie war zum Glück gut abgeritten. In der Stunde vorher hat Andrea sie gehabt, und die habe ich ordentlich rangenommen. So hatte Johannes ein gut vorbereitetes Pferd."

„Geschickt, geschickt." Elisabeth lächelte anerkennend.

„Ach, du kennst den Rest der Geschichte ja noch nicht!" Moni seufzte schon wieder.

„Wieso, hat es nicht geklappt mit ‚FLOCKE'?"

„Doch, viel zu gut... Aber das ist es ja eben! Es ging hervorragend. ‚Wenn du einmal mit den Unterschenkeln

klammerst, hole ich dich runter!', habe ich Johannes ange-droht. Er wusste, dass es ein ernst gemeinter Spaß war. Aber er klammerte nicht. Er saß, und ‚Flocke' ging am Zügel, wie sie es gewohnt ist. Das hatte er wohl noch nie erlebt. Aber er hat sich auch wahnsinnige Mühe gegeben. Jedenfalls machte er in der Abteilung absolut das beste Bild."

„Aber wenn es so gut ging mit Johannes – wo liegt denn das Problem?"

„Na ja", erklärte Moni, „es sah zwar ganz gut aus, aber gezittert habe ich trotzdem. Ich habe mich die ganze Stunde nur auf Johannes konzentriert und den Unterricht so aufgebaut, dass ‚Flocke' bei Laune blieb. Trotzdem gab es ein paar kritische Augenblicke, aber Johannes hat ganz toll auf alle Korrekturen gehört, und es ging glatt. Die anderen Jugendlichen haben Bauklötze gestaunt, und besonders Andreas Gesicht war sehenswert. Ich war erstmal richtig stolz auf meinen Einfall, aber dann – gerade, als ich wegfahren wollte, sprach mich die Mutter von Johannes an. Kennst du die eigentlich?"

Elisabeth überlegte. „So eine imponierende Dunkel-blonde mit hellen Strähnen und immer tipptopp angezo-gen, nicht wahr? Sie schaut, glaube ich, penetrant zu, wenn Johannes reitet."

„Stimmt", bestätigte Moni. „Stell dir also vor, sie kommt zu mir her und sagt: ‚Guten Tag, mein Name ist Feldmann, ich bin die Mutter von Johannes. Wir haben eine große Bitte an Sie: Mein Sohn wünscht sich nichts sehnlicher, als auf ‚Flocke' am Jugendvergleichskampf teilnehmen zu dür-fen. Er hat noch nie auf einem Pferd so gut geritten wie heute. Bitte, erfüllen Sie ihm diesen Wunsch – wir zahlen, was es kostet!'"

„Typisch", warf Elisabeth ein, „solche Leute denken immer, alles sei eine Frage des Geldes."

„Das hat mich auch gleich gereizt", stimmte Moni zu. „Also habe ich ihr geantwortet: ‚Ich will sehen, was ich tun kann. Die Einteilung ist noch nicht fertig, und Sie werden verstehen, dass ich alle Reitschüler zu ihrem Recht kommen lassen muss.' Johannes stand übrigens die ganze Zeit hinter seiner Mutter, als ginge ihn das Ganze nichts an. Da sagte sie doch tatsächlich zu mir: ‚Aber Johannes ist wohl ein besonderer Fall!' Der wurde rot wie eine Tomate und wäre wohl am liebsten in einem Mauseloch verschwunden. Ich war stinkwütend. Diese Frau schien meine Bemühungen überhaupt nicht verstanden zu haben."

„Und was hast du zu ihr gesagt?"

„Ich habe sie ablaufen lassen, so gut ich konnte." Moni verlieh ihrer Stimme einen ungewohnt hochnäsigen Klang, der Elisabeth zum Lachen brachte: „Selbstverständlich. Ich versuche, allen gerecht zu werden."

„Und – willst du Johannes auf ‚FLOCKE' starten lassen?"

„Seit Freitag denke ich ununterbrochen darüber nach. Ich würde ihm so gern ein Erfolgserlebnis gönnen. Und mit ‚KREUZRITTER' kriegt er das unter Garantie nicht. Außerdem ist da noch ein Problem: Es gibt mehr Anwärter für die E-Dressur, als Pferde vorhanden sind."

„Dürfen die Pferde denn nicht zweimal gehen?"

„Nein, leider nur im Reiterwettbewerb. Wenn ich Johannes auf den ‚KREUZRITTER' setze, dann kann Peter nicht mitmachen."

„Wer ist denn Peter?"

„Das ist so ein Knabe von einem Meter neunzig. Der kann vor Kraft kaum laufen, ich glaube, er spielt sonst dau-

ernd Fußball. Er reitet noch nicht lange und ist nicht nur schwer, sondern auch ziemlich gewalttätig auf dem Pferd. Für den kommt nur der ‚KREUZRITTER' in Frage."

„Du liebe Güte", sagte Elisabeth. „Das arme Pferd. Er hat schließlich mal bessere Tage gesehen."

Moni schaute etwas zweifelnd. Sie hatte den großen, schweren Braunen einmal selber geritten und die ganze Stunde gebraucht, um ihn an den Zügel zu bekommen.

„Doch, doch", bekräftigte Elisabeth, „der ging mal eine ganz nette L-Dressur. Das ist freilich schon eine Weile her. Pech für ihn, dass er so zuverlässig ist und außerdem der einzige Gewichtsträger, den wir haben."

„Trotzdem", sagte Moni, „als ich heute den ‚SLEIPNIR' aus der Halle springen sah, da wurde mir klar, dass ich dem Johannes die ‚FLOCKE' nicht geben kann – nicht für ein Turnier, meine ich. Wenn sie mal scheut oder wegspringt – schließlich findet das Ganze ja auf einem fremden Platz statt – , dann klammert sich der Junge garantiert mit den Unterschenkeln fest. Und dann rennt die ‚FLOCKE' los wie eine Verrückte... Nein, hier in der Halle konnte ich das verantworten. Aber woanders nicht."

Moni seufzte unglücklich. „Johannes wird furchtbar traurig sein, und von seiner Mutter ist überhaupt kein Verständnis zu erwarten." Sie lächelte gequält. „Das habe ich nun von meiner tollen Idee!"

Elisabeth schaute Moni plötzlich ganz direkt an. „Du bist die Reitlehrerin", sagte sie knapp. „Ich könnte dir natürlich zustimmen, weil deine Einschätzung der Pferde für mich ziemlich überzeugend klingt. Aber darauf kommt es gar nicht an. Du bist die Reitlehrerin, du trägst die Verantwortung. Entscheide dich so, wie du es für richtig hältst. Weißt

du, allen Leuten kannst du es sowieso nicht recht machen."

Moni wurde rot. War das ein Rüffel, oder hatte Elisabeth sie nur trösten wollen? Sie versuchte, in dem schmalen Gesicht ihres Gegenübers zu lesen, aber es gelang ihr nicht. Elisabeth schaute auf die Uhr. „Du liebe Zeit, ich muss schleunigst los. Heute Mittag bin ich dran mit Füttern. Tschüss also, Hals- und Beinbruch! Eigentlich habe ich nächstes Wochenende Dienst, aber vielleicht kann ich tauschen." Bei diesen Worten war sie aufgestanden und eilte durch die Stallgasse Richtung Ausgang.

Moni folgte ihr nachdenklich. War sie wirklich zu sehr bemüht, es allen Leuten recht zu machen? Aber es ging doch um Johannes, einen Jungen, den sie mochte und dem sie so gerne eine erfreuliche Erfahrung gegönnt hätte.

PONYBEREITERIN

„Hallo!" – Moni schaute erschrocken auf. Dicht vor ihr stand ‚SLEIPNIRS' Besitzerin. „Sie haben doch heute Morgen die ‚NACHTIGALL' geritten, nicht wahr? Ich kenne nur Ihren Vornamen, darf ich Sie Moni nennen? Mein Name ist übrigens Veronika Toeltgen."

„Monika Schmitt, mit Doppel-t – aber natürlich können Sie mich Moni nennen, wie alle hier." Moni war verwirrt. Was wollte die Frau bloß von ihr?

„Du warst doch heute dabei, als der Unfall mit unserem Pferd passiert ist. Wir werden ‚SLEIPNIR' verkaufen müssen, denn er eignet sich ja wohl doch nicht für unseren Sohn – obwohl es immer heißt, Kinder sollen zuerst auf Ponys lernen. Und wir haben das Pony extra beim Züchter gekauft, seine Tochter hat ihn zugeritten und uns sogar ein paar Turnierschleifen gezeigt, die sie mit ihm gewonnen hat."

Moni warf einen zweifelnden Blick auf den Mausgrauen in der Box. Wie ein Turnierpferd sah er nun gerade nicht aus. Andererseits – ihre Kenntnisse über Islandpferde stammten auch nur aus Büchern.

„Ich möchte meinen Sohn jetzt nicht mehr auf das Pferd setzen", fuhr Frau Toeltgen fort, „außerdem hat er furchtbare Angst davor. Hättest du nicht vielleicht Lust, ihn mal zu reiten, ich meine so lange, bis wir einen Käufer gefunden haben?"

„Selbstverständlich!" Monis Antwort kam ohne Zögern. Ponybereiterin zu werden, war nicht gerade die Erfüllung ihres Wunschtraumes, aber immerhin besser als nichts.

Plötzlich kamen ihr Bedenken. Ob sie überhaupt mit so einem Robustpferd fertig werden würde? ‚SLEIPNIR' hatte ja offenbar seinen eigenen Kopf und diesen viel zu lange durchsetzen dürfen. Also lieber erst mal ohne größeres Publikum „Wenn es Ihnen recht ist", sagte sie zu Frau Toeltgen, „dann würde ich gern morgens ganz früh reiten. Da habe ich jetzt während der Ferien am besten Zeit."

„Natürlich, wie es dir passt", lächelte Frau Toeltgen erleichtert, „komm mit, ich zeige dir sein Sattelzeug." Moni folgte bereitwillig. Sie hatte Zeit – ausnahmsweise hatte sie sich Urlaub vom obligatorischen Sonntagmittagessen im Familienkreis erbeten. Für den Nachmittag hatte sie nämlich ein Extratraining angesetzt, und zuvor wollte sie die Pferdeverteilung für das Turnier bekanntgeben.

Viel zu schnell war der Augenblick da. Moni sah in die Runde der gespannt abwartenden Jugendlichen und registrierte im Hintergrund nicht nur Johannes, sondern auch seine Mutter. Du liebe Güte! Aber es half nichts. Sie

bemühte sich, ihre Stimme betont ruhig und souverän klingen zu lassen, als sie einteilte: „Johannes nimmt ‚KREUZ-RITTER'... ", aber sie vermied es doch, in die Richtung des behinderten Jungen zu schauen.

Während die Jugendlichen im Stall verschwanden, um die Pferde für den Unterricht fertig zu machen, blieb Moni im Büro zurück und füllte das Reitstundenbuch aus, damit die Zehnerkarten für die Reitschüler abgerechnet werden konnten – auch das gehörte, so stellte sie seufzend fest, zu den unangenehmen Aufgaben eines Reitlehrers. Als sie aufsah, stand plötzlich Frau Feldmann vor ihr.

Ohne jede Begrüßung und mit allen Anzeichen unterdrückter Empörung in der Stimme stieß sie hervor: „Wie ich gehört habe, sind Sie nicht bereit, den Herzenswunsch unseres behinderten Sohnes zu erfüllen. Wir werden mit Herrn Rosenberg sprechen, sobald er zurück ist. Wenn wir ‚FLOCKE' erst gekauft haben, brauchen wir uns wohl nicht mehr mit einer impertinenten Möchtegern-Reitlehrerin herumzustreiten!"

Und nach einer kurzen Pause zischte sie noch hinterher: „Johannes wird selbstverständlich nicht an dem Turnier teilnehmen."

Moni schnappte nach Luft. Das war ja schlimmer, als sie sich in ihren ärgsten Träumen ausgemalt hatte!

„Entschuldigen Sie bitte", begann sie, so höflich sie konnte. „Ich habe gute Gründe..."

Bums, knallte die Tür. Frau Feldmann war offensichtlich nicht bereit, sich Monis Gründe anzuhören. Für eine Nicht-Reiterin, dachte sie bekümmert, sind sie wohl auch kaum zu verstehen.

Der Hieb von Frau Feldmann hatte sie doch getroffen. „Möchtegern-Reitlehrerin" – das war sie ja wirklich. Und in ihrer ersten pädagogischen Bewährungsprobe hatte sie jämmerlich versagt. Was wohl Herr Rosenberg zu der ganzen Sache sagen würde? Ärgerlich vertrieb Moni diese Überlegungen, um sich auf den Unterricht zu konzentrieren, aber es wollte ihr nicht so recht gelingen. Noch durch ihre nächtlichen Träume geisterte ein aufgebrachter Herr Rosenberg mit einer schreienden Frau Feldmann im Schlepptau, die eine Longierpeitsche in der Hand hielt und verlangte, sie solle endlich über die Bandentür springen.

Schweißgebadet erwachte Moni am Montagmorgen und fühlte sich völlig zerschlagen. Warum nur hatte sie sich ihren Wecker an einem Ferientag so früh gestellt? Ach so – der Isländer. Über dem Johannes-Problem hätte sie ‚SLEIPNIR' beinahe vergessen. Eigentlich hatte sie keine große Lust, das Pony zu reiten, aber es war nun mal versprochen. Was sollte sie bloß mit dem lustlosen, unberechenbaren Tier anfangen?

Während Moni in den Reitstall radelte und die kühle Morgenluft genoss, fasste sie den Entschluss, mit dem Pony ins Gelände zu reiten. Auslauf war ja offenbar das, was ihm fehlte. Den sollte er bekommen! Moni überlegte: Hier im Stadtwald, in dem es schöne Reitwege gab, war das Gelände leider flach und von Straßen und Radwegen durchschnitten – gar nicht so ungefährlich, wenn ihr das Pony vielleicht durchgehen würde. Aber jenseits der Bundesstraße gab es eine große, von einem Wäldchen eingerahmte Wiese, die ein Reitweg umrundete – da konnte sie galoppieren, so schnell sie oder ihr Pferd wollten.

‚SLEIPNIR' hatte einen funkelnagelneuen Trachtensattel

mit Schweiffriemen, und Moni brauchte eine Weile, bis sie das ungewohnte Sattelzeug richtig angebracht hatte. Dann stieg sie auf und setzte sich zurecht. Ein komisches Gefühl! Wie klein und schmal das Pferd war, und man hatte überhaupt nichts vor sich. Wie sollte sie nur ihre Beine ans Pferd bekommen?

„Und das soll ein Pony für Erwachsene sein?", dachte sie, während sie sich bemühte, ‚SLEIPNIR' in Gang zu versetzen. Er gehorchte widerwillig. Erst als sie ihn zum Hofausgang hinauslenkte, hob er interessiert den Kopf. Er witterte ein paar Mal nach rechts und links, und plötzlich trabte er an. Nein, das war gar kein Trab – mit hoher Nase bewegte sich das Pferd in erstaunlicher Geschwindigkeit vorwärts, ohne dass Moni im Geringsten aus dem Sattel geworfen wurde. Es war nur eine weiche, ganz ebene, leicht drehende Bewegung des Pferderückens, die sie zu spüren bekam.

So also fühlte sich Tölt an! Moni war fasziniert. ‚SLEIPNIR' musste ein Naturtölter sein. Natürlich wusste sie, dass es Pferderassen gab, die den Tölt beherrschten – das lernte man ja spätestens für die theoretische Prüfung beim Reitabzeichen. Aber sie hatte noch nie selbst gespürt, wie unglaublich weich und bequem der Tölt war. Kein Wunder, dass sich Freizeitreiter so für diese Gangart erwärmen konnten!

Vor ihnen kam die Bundesstraße in Sicht. Moni versuchte durchzuparieren, was ‚SLEIPNIR' mit äußerstem Widerwillen quittierte. Erst kurz vor der Ampel fiel er in Schritt. Moni fasste die Zügel kurz und bemühte sich, die Beine besser ans Pferd zu bekommen. Auf der Straße war es mehr als ungünstig, wenn das Pferd ihr nicht gehorchte. Ob es überhaupt verkehrssicher war?

Moni hoffte, dass kein Laster kommen würde, aber es kamen zwei große aus beiden Richtungen. Sie stand mit ‚SLEIPNIR' jetzt neben der Fußgängerampel und wartete. Zu ihrem Erstaunen rührte sich das Pony nicht und schenkte weder den Lastwagen noch zwei Radfahrern oder einer Frau mit Kinderwagen die geringste Aufmerksamkeit. Moni war beruhigt. Die Ampel wurde grün. Sie überquerte die Straße und schlug den Reitweg in Richtung auf die große Wiese ein.

Moni hatte die Zügel immer noch kurz gefasst; sie versuchte, irgendeinen Kontakt zum Pferdemaul zu bekommen. Aber ‚SLEIPNIR' drückte dagegen. „Zügel kurz", war für ihn ein Signal zum Vorwärtsgehen. Er fiel in Trab, ganz gewöhnlichen Trab, wie Moni konstatierte, und legte sich gewaltig auf die Hand. Die Wiese kam in Sicht, und Moni ließ die Zügel schießen.

‚SLEIPNIR' schnellte los wie ein Pfeil von der Sehne. Moni konnte sich nicht erinnern, je schon einmal ein solches Tempo geritten zu haben. Sie ging in den leichten Sitz und bemühte sich, den Wallach auf dem Rundweg um die Wiese zu halten. Nach außen gab es zum Glück keine Ausbruchsmöglichkeiten für ihn.

Einmal hatten sie die Wiese schon umrundet. Jetzt versuchte Moni, ihn ein wenig an die Hilfen zu stellen. ‚SLEIPNIR' hatte sich offenbar auf dem Gebiss festgebissen, wurde aber etwas langsamer. Moni fühlte, wie ihre Kräfte sie allmählich verließen.

„Jetzt oder nie", dachte sie, als die dritte Galopprunde begann. Sie richtete sich im Sattel auf und machte die Beine zu, so gut es ging. Mit der äußeren Hand samt Zügel

fasste sie in den Angstriemen, um sich tiefer in den Sattel zu ziehen. ,Sleipnir' wollte sie nicht sitzen lassen, drückte den Rücken weg und legte sich auf die Zügel. Monis Kräfte schwanden. Arme und Beine schmerzten, sie keuchte wie nach einem schnellen Lauf. Da endlich geschah das Wunder: ,Sleipnir' gab nach.

Der widerspenstige Hals des Pferdes bog sich, das steife Genick kippte ab, der brettharte Rücken wurde weich. Auf einmal konnte Moni sitzen, am inneren Zügel Luft geben und am äußeren das Tempo genau regulieren. Sie spürte, wie der Wallach das Gebiss annahm, zu kauen begann und auf ihre Schenkelhilfen willig reagierte – ganz wie ein gut gerittenes Pferd. Moni fühlte sich wie im siebenten Reiterhimmel. Noch eine halbe Runde, dann war es genug. ,Sleipnir' keuchte und pumpte, sein Hals glänzte schweißnass.

Moni schrak aus ihrem Reitertraum hoch. Hoffentlich hatte sie dem Pony nicht zu viel zugemutet! Sie ließ es noch ein kleines Stückchen traben, bis die Atmung etwas ruhiger ging, parierte durch und ließ die Zügel aus der Hand kauen. Willig prustete ,Sleipnir' ab und legte am langen Zügel ein Schrittempo vor, das seine Reiterin verblüffte.

Innerlich leistete Moni dem Pferd Abbitte. Der kleine Kerl ging ja besser als alle Schulpferde im Stall Rosenberg, ,Flocke' einmal ausgenommen. Und er war, wenn er erst einmal nachgegeben hatte, viel leichter zu reiten als die empfindliche Schimmelstute. Im Schritt bummelte Moni nach Hause, begeistert darüber, welchen Spaß der Isländer ihr machte.

Und die Freude an ,Sleipnir' hielt an: Als sie ihn am nächsten Morgen auf dem Außenplatz ausprobierte, ging

er sofort und ohne Widerstand am Zügel. Moni hatte leichte Schwierigkeiten, ihn zum Untertreten der Hinterhand zu aktivieren, einfach, weil sie ihre langen Beine schlecht in Fühlung mit dem Pferdekörper bringen konnte. Sobald ihr dieses Kunststück gelang, reagierte das Pony eifrig und gehorsam. Er beherrschte alle Lektionen der Klasse A und führte sie willig aus.

STIMMUNGSUMSCHWUNG

Wenn es nur in der Jugendgruppe auch so gut geklappt hätte! Moni spürte den Stimmungsumschwung ganz genau, aber sie wusste nicht, was sie dagegen tun sollte. Mit der zunehmenden Spannung vor dem heranrückenden Turniersonntag stiegen Gereiztheit und Konkurrenzdruck immer mehr an. An Kleinigkeiten registrierte Moni, dass die Jugendlichen ihr nicht voll vertrauten, dass sie ihren erfahrenen Reitlehrer herbeiwünschten.

Andrea schien eine der Wortführerinnen gegen sie zu sein. Moni versuchte, auszugleichen, die Stimmung locker und fröhlich zu halten und suchte gleichzeitig nach einer Gelegenheit, sich Andrea gegenüber durchzusetzen. Beides wollte ihr nicht gelingen.

Johannes war seit Sonntag nicht mehr zur Reitstunde erschienen, und Moni hatte den Eindruck, dass die Jugendlichen ihr die Schuld an seinem Fernbleiben gaben. ‚Erst habt ihr ihn nicht haben wollen, und dann werft ihr mir vor, dass er nicht dabei ist!‘, dachte sie wütend, aber sie wusste selbst nicht, was sie den Jugendlichen zu dieser Angelegenheit sagen sollte.

Am Donnerstag erschien zu allem Überfluss auch noch Peter mit einem Knöchelgips: Er hatte sich beim Fußball-

spielen eine hässliche Zerrung zugezogen und musste nun für ein paar Wochen mit dem Reiten aussetzen. ,KREUZRITTER' blieb während der Trainingsstunde für die E-Dressur im Stall und hinterließ eine Lücke in der Abteilung, die gerade auf Johannes zugeschnitten zu sein schien. Monis Stimmung sank von Reitstunde zu Reitstunde.

Als sie am Freitagnachmittag vor dem Abschlusstraining im Büro auftauchte, wartete eine Überraschung auf sie. Johannes stand neben dem Schreibtisch, und mit einem raschen Blick hatte Moni Frau Feldmann im Hintergrund wahrgenommen.

„Hallo, Moni!", sagte Johannes mit leiser, gepresster Stimme, „ich habe gehört, dass ,KREUZRITTER' noch frei ist für den Vergleichskampf. Wenn du es erlaubst, würde ich gern mitmachen. Meinen Eltern ist es auch recht." Der Blick, den er dabei seiner Mutter zuwarf, sprach Bände: Es war Moni völlig klar, dass nicht Frau Feldmann ein Einsehen gehabt hatte, sondern dass Johannes seinen Eltern diese Erlaubnis abgetrotzt hatte.

Wie auch immer – Hauptsache, er machte mit! Moni bemühte sich, die Erleichterung in ihrer Stimme nicht allzu deutlich anklingen zu lassen, als sie antwortete: „In Ordnung. Such dir jemanden, der dir beim Fertigmachen hilft."

Am Samstagmorgen durften die Schulpferde in der Halle frei laufen, danach hatte Moni ausgiebiges Putzen von Pferden und Sattelzeug angesetzt. Sie selbst stand in der Halle und überwachte das Freilaufen der Pferde. Die Jugendlichen standen herum und gaben überflüssige Kommentare ab.

Allmählich geriet Moni in Wut. Es gab schließlich noch viel zu tun! Mit ‚KREUZRITTER', der als letzter drangekommen war, noch an der Hand, baute sie sich vor den Jugendlichen auf und hielt ihnen eine kurze, gepfefferte Standpauke. Anschließend teilte sie rigoros ein: Putzen, Schweife waschen, Hufe waschen und fetten, Sattelzeugpflege...

„Darf ich beim Frisieren helfen?", fragte eine kühle Stimme.

Moni fuhr herum. Elisabeth stand da, hielt in der Hand eine kleine Putzkiste und lächelte Moni freundlich und ein kleines bisschen ironisch an.

‚Du bist die Reitlehrerin', hat sie gesagt, dachte Moni und antwortete laut: „Natürlich, das ist sehr nett von dir. Hier, mit ‚KREUZRITTER' kannst du gleich anfangen." Insgeheim fiel ihr ein Stein vom Herzen. Sie selbst stand mit Mähnenkamm und Frisierschere auf Kriegsfuß – mangelnde Übung war daran schuld.

Was ihr an Erfahrung fehlte, hatte Elisabeth offensichtlich doppelt. Sie zauberte aus ihrer Kiste eine kleine Schermaschine, Mähnenmesser und -kamm und eine spezielle Frisierschere hervor und machte sich an die Arbeit. In atemberaubendem Tempo frisierte sie nicht nur Mähnen und Schweife, sondern machte sich auch an den langen Kehlgangshaaren und an den Fesselköpfen zu schaffen. Am Ende waren die braven Schulpferde in ihrem neuen Glanz kaum wiederzuerkennen.

Zu guter Letzt war das Einflechten der Mähnen dran. Hier war Moni in ihrem Element. Sie nutzte die Gelegenheit, der verblüfften Andrea das Geheimnis doppelt umgelegter Zöpfe zu erklären und ihr zu demonstrieren, wie man die Gummis so anbringen konnte, dass kein Klebeband

mehr nötig war. Überhaupt achtete Moni darauf, dass jeder gut beschäftigt war, und sie registrierte mit Befriedigung, dass mit dem Spaß an der gemeinsamen Arbeit auch die gute Laune in der Jugendgruppe zurückkehrte.

Sie wäre an diesem Abend noch beruhigter ins Bett gegangen, wenn sie mit Elisabeths Unterstützung beim Turnier hätte rechnen können. Aber die hatte es offen gelassen.

„Ich weiß noch nicht, ob ich es morgen schaffe", hatte sie zum Abschied gesagt. „Ich hab früh noch zwei Pferde zu reiten. Wenn es sich dann noch lohnt, komme ich direkt auf den Turnierplatz.

TURNIERTAG MIT ÜBERRASCHUNGEN

Der Transport der Schulpferde auf dem großen Vereinstransporter zum Nachbarverein klappte am Sonntagmorgen mit Hilfe der Pferdepfleger von Stall Rosenberg reibungslos. Der so lange erwartete Wettkampf begann.

Mit dem Einfachen Reiterwettbewerb fing es an; Moni hatte alle Hände voll zu tun. Hier fehlte eine Sattelunterdecke, da waren die Ausbinder nicht richtig angebracht, dort die Bügel falsch verschnallt. Es musste beim Aufsitzen geholfen werden, beim Aufsetzen der Kappen und beim Austauschen der Jacken (die längst nicht jeder der jungen Reiter besaß). Schließlich musste Moni ihren Schützlingen natürlich auch die Daumen drücken. Das Anstrengendste freilich waren die Eltern – Moni meist noch unbekannt – aber voller Aufregung, Sorgen und spezieller Wünsche für ihre Kinder.

Einfacher Reiterwettbewerb in mehreren Abteilungen – das ging Schlag auf Schlag. Leichttraben, aussitzen, einzeln

angaloppieren, Bügel hoch, Vorhandwendung... Trotzdem dauerte die Prüfung länger als eine normale Dressuraufgabe. Moni registrierte an den hoch roten Gesichtern ihrer Schützlinge, wie sie sich anstrengten. Dazu die Aufregung! Hier in der ungewohnten Umgebung entwickelten die Schulpferde ein ungeahntes Temperament. ‚FLOCKE' zum Beispiel hatte schon zweimal das abgesteckte Viereck im Galopp verlassen. ‚Wie gut, dass Johannes nicht draufsitzt!', dachte Moni.

Überhaupt, jetzt waren gleich die Teilnehmer der E-Dressur an der Reihe. Umsitzen, eine Viertelstunde Pause, in der die Pferde am langen Zügel gehen durften, dann kurzes Abreiten. Wo war Johannes denn? Ach, da stand er ja, gegenüber am Rand des Abreiteplatzes. Warum saß er denn noch nicht auf ‚KREUZRITTER'? Half ihm denn keiner? Moni spurtete los, quer über den Abreiteplatz. Plötzlich blieb sie stehen.

Sie hatte ‚KREUZRITTER' entdeckt, und auf seinem Rücken saß – Elisabeth. In Jeans und Turnschuhen, die Bügel übergeschlagen, ohne Sporen und nur mit einer langen Dressurgerte „bewaffnet", kämpfte sie mit ‚KREUZRITTER'. Ein Kampf war es, das ließ sich nicht beschönigen. Elisabeth legte es darauf an, den älteren Herrn aus seinem Dauerschlaf zu erwecken, und der sträubte sich nach Kräften.

Mit offenem Mund starrte Moni das Bild an, das sich ihr bot. Elisabeth schien förmlich auf dem, nein, im Pferd zu kleben, was für Sätze ‚KREUZRITTER' auch vollführte. Er schlug mit dem Kopf und keilte, aber Elisabeths Sitz verrutschte nicht einen Zentimeter. Ihre Beine klebten am Pferdekörper, ihre Hände hielten sicheren Kontakt zum Pferdemaul.

Im Näherkommen registrierte Moni erstaunt, dass Elisabeth nicht einmal ein verbissenes Gesicht machte – ganz freundlich redete sie auf ‚KREUZRITTER' ein, während sie ihn ab und zu mit der langen Gerte antippte. Vorerst allerdings schien sich ‚KREUZRITTER' unter dieser Behandlung eher zum Rodeopferd zu entwickeln.

Moni erwachte aus ihrer Erstarrung. Sie musste sich um die anderen Reiter dieser Gruppe kümmern. Erst als jeder auf seinem Pferd saß und genaue Instruktionen für das Abreiten erhalten hatte, fand sie Zeit, wieder einen Blick auf ‚KREUZRITTER' und Elisabeth zu werfen. Ihren erstaunten Augen bot sich ein völlig verändertes Bild. Quer über den Platz schwebte ‚KREUZRITTER' in ausdrucksvollem Mitteltrab, hatte den Hals aufgewölbt, trat willig durchs Genick und kaute so heftig, dass rechts und links die Schaumfetzen flogen. Mit einer vollendeten Ganzen Parade ließ Elisabeth ihn vor Moni halten, sprang elegant ab und sagte lächelnd: „Du hattest doch nichts dagegen? Ich glaube, Johannes kann jetzt aufsitzen."

„Es geschehen noch Zeichen und Wunder", murmelte Moni, unfähig, ihren Gefühlen anders Ausdruck zu verleihen.

Den nachfolgenden Auftritt von ‚KREUZRITTER' in der E-Dressur erlebte sie wie im Traum. Er ging schwungvoll am Zügel vorwärts, als hätte er nie etwas anderes getan. Freilich fiel er im Verlauf der Aufgabe etwas auseinander, außerdem haperte es an Kleinigkeiten in der Vorstellung. Insgesamt war die Vorstellung von Johannes dennoch so überzeugend, dass sie mit dem dritten Platz bewertet wurde – unter neunzehn Startern.

Als bei der Siegerehrung die weiße Schleife an ‚KREUZ-RITTERS' Trense gesteckt wurde und Johannes sich tief hinunterbeugte, um dem Richter seine kleine Hand geben zu können, da brandete mehr Beifall auf als für jeden anderen Siegesritt an diesem Tag.

Moni warf einen Blick auf das Gesicht von Johannes, und eine vorwitzige Träne stahl sich in ihren Augenwinkel. Ein solches Strahlen konnte einen tatsächlich tief innen anrühren...

Zu ihrer Überraschung stellte Moni fest, dass sich auch alle anderen Mitglieder der Jugendgruppe über den unerwarteten Erfolg freuten. Niemand schien Johannes Elisabeths Hilfe zu neiden. Es herrschte eine fröhliche, fast festliche Stimmung. Was machte es, dass Monis Schützlinge am Ende den Vergleichskampf ganz knapp verloren? Alle hatten ihr Bestes gegeben, und den Erfolg von Johannes konnte auch das Endresultat nicht schmälern.

Als sich am Ende dieses langen Sonntages die Reiterinnen und Reiter von ihrer Betreuerin verabschiedeten, fühlte sich Moni so, als hätte sie die Besteigung eines hohen Berges geschafft.

Elisabeth hatte sie noch zu einer großen Cola und einer kleinen Manöverkritik ins Reiterstübchen eingeladen. Sie war schon auf dem Weg dorthin, als sie Frau Feldmann auf sich zukommen sah.

„Ich muss mich wohl bei Ihnen entschuldigen", sagte sie zu Moni, „Sie haben mit der Wahl von ‚KREUZRITTER' doch Recht behalten. Für meinen Sohn war der Erfolg heute besonders wichtig. Er soll natürlich weiter Turniere reiten. Gleich, wenn Herr Rosenberg zurückkommt, werden wir

mit ihm über den Kauf von ,KREUZRITTER' sprechen.“

Moni war sprachlos. Als sie Elisabeth diese Unterredung schilderte, fielen ihr allerdings einige Kommentare ein. „Die sind imstande und kaufen wirklich ,KREUZRITTER' für den armen Jungen“, ereiferte sie sich. „Der kriegt ihn doch nie wieder an den Zügel, wenn du nicht vorher draufgesessen hast. Der Himmel bewahre mich vor Eltern, die vom Reiten keine Ahnung haben!“

„Und, hat er dich bewahrt?“

Moni musste lachen. „Natürlich nicht. Meine Mutter interessiert sich zwar für Pferde, aber mein Vater findet Reiten höchst überflüssig...“ Plötzlich war es ganz einfach, Elisabeth von ihren Sorgen und Schwierigkeiten zu erzählen. „Du hast es gut“, seufzte sie am Ende, „mit einem Reitlehrer in der Familie!“

„Ach, ich weiß nicht...“ Elisabeth war auf einmal ganz ernst. „Stell dir das nur nicht zu schön vor. Natürlich, ich habe einigermaßen reiten gelernt. Mein Vater hatte ja immer eigene Pferde. Aber wenn ich gerade mal mit einem gut zurechtkam, wurde es unter Garantie in kürzester Zeit verkauft. Ich wusste ja, dass wir das Geld brauchten, aber hart war es trotzdem. ,Die Kundschaft geht vor!‘, sagte mein Vater immer.

Dauernd musste ich Pferde für andere Leute reiten. Wahrscheinlich sah ich niedlich drauf aus, weil ich so klein bin. Ich kann dir sagen, manchmal hatte ich gar keine Lust mehr zum Reiten. Die Pferde waren oft so schlecht ausgebildet, und wenn die Besitzer zwischendurch immer wieder draufsaßen, lernten sie überhaupt nichts dazu. Aber das durfte ich natürlich nie sagen! Mein Vater wirft mir heute noch vor, dass ich nicht freundlich genug mit den Kunden

umgehe. Und im Stall Rehbein ist es auch nicht so leicht für mich...

Es wurde ein langes Gespräch, bei dem Moni das erstaunliche Gefühl hatte, Elisabeth schon ewig zu kennen. Am Ende kamen sie noch einmal auf Johannes zurück.

„Es ist verrückt", sagte Elisabeth, „,FLOCKE' ist für ihn viel zu sensibel und ,KREUZRITTER' zu dickfellig. Ich wüsste im Augenblick kein Pferd in unserem Stall, das für ihn passt. Aber wenn die Mutter es sich nun mal in den Kopf gesetzt hat, wird es wohl bei einem der beiden Pferde bleiben."

„Mir tut der Junge Leid", sagte Moni.

„Tja, und was willst du machen? Mit seiner Mutter reden? Meinst du, die hört inzwischen auf deine Ratschläge? Also - ich würde unter Garantie mit der Person nur Streit bekommen!"

„Schon möglich", seufzte Moni. „Trotzdem möchte ich dem Johannes gern ein passendes Pferd verschaffen."

„Na, viel Erfolg dabei!" Elisabeth lachte und verabschiedete sich.

AUSRITT MIT FOLGEN

Eigentlich hätte Moni am Montagmorgen in aller Ruhe ausschlafen können. Die Schule begann erst am Dienstag wieder, und sie hatte einen Tag Erholung redlich verdient. Aber um Punkt halb sieben wachte sie auf und konnte nicht wieder einschlafen. Resigniert stand sie auf.

Na gut, dann würde sie sich eben ausgiebig um ,SLEIPNIR' kümmern, der war am vergangenen Wochenende zu kurz gekommen. Heute wollte sie noch einmal richtig genießen, ein Pferd für sich allein zu haben – vielleicht würde es ja in

den nächsten Tagen schon verkauft werden. Aber diese Aussicht stimmte Moni heute nicht mehr so traurig wie noch in der vergangenen Woche.

Schließlich hatte Elisabeth sie gestern gefragt, ob sie nicht Lust hätte, weiterhin regelmäßig eine Reitstunde für Jugendliche zu übernehmen. Elisabeth wusste, dass ihr Vater dringend nach einer Entlastung suchte. Und als Gegenleistung für ihren Einsatz würde Moni umsonst reiten können... Außerdem durfte sie heute noch einmal ,NACHTI-GALL' bewegen. „Wenn du Lust hast...", hatte Elisabeth gesagt.

Und ob sie die hatte! Jetzt erst recht, nachdem ihr Auftritt vor acht Tagen so missglückt war.

„Geh erstmal ins Gelände mit ihr", hatte Elisabeth ihr geraten. „Da löst sie sich besser und geht von allein vorwärts, und hinterher hast du es viel leichter."

Auch mit ,SLEIPNIR' wollte Moni ausreiten. Er hatte am Sonntag gestanden und zeigte sich im Gelände recht munter, aber seit dem ersten wilden Ausritt hatte er nie wieder das geringste Anzeichen von Widersätzlichkeit gezeigt. Er war eigentlich die reinste Lebensversicherung, fand Moni. Sie beschloss, noch ein bisschen Dressur dranzuhängen. Der Wallach ging vorzüglich heute. Moni ritt die A-Dressuraufgabe durch, die auch am Vergleichskampf geritten worden war. Schließlich hatte sie so oft zugeschaut, dass sie die Reihenfolge der Lektionen auswendig konnte.

Als sie zum abschließenden Gruß auf der Mittellinie aufmarschierte, sah sie, dass sie plötzlich Zuschauer bekommen hatte. Johannes und seine Mutter saßen auf den Zuschauerbänken entlang des Außenvierecks. Moni grüßte

und Johannes erklärte eilig: „Ich habe gestern meine Reitkappe vergessen. Ich wollte nur schnell mal schauen...", er brach ab, mit den Gedanken offensichtlich nicht bei der Sache. Moni registrierte plötzlich den bewundernden, fast liebevollen Blick, mit dem Johannes das Pony betrachtete. ‚Warum nicht?', dachte Moni. „Lauf schnell in die Sattelkammer und hol dein Vorderzeug", sagte sie. „Du kannst ‚SLEIPNIR' mal ausprobieren."

„Aber ich habe doch keine Reitsachen an!"

„Macht nichts, es geht auch mal ohne."

Wie ein geölter Blitz verschwand Johannes und kam mit seinem Zügel wieder. Er versuchte, ihn selbst anzubringen. Willig und geduldig blieb ‚SLEIPNIR' stehen. Johannes schnallte die Bügel kürzer, warf einen Blick auf Moni, die es sich seelenruhig auf der Zuschauerbank bequem gemacht hatte, und versuchte, allein aufzusteigen. Tatsächlich, es gelang.

„Das hat er noch nie allein geschafft!", kommentierte die Mutter.

‚Kann die Frau denn nur überflüssige Bemerkungen machen?', dachte Moni. Laut aber sagte sie: „Na, dann nimm mal die Zügel auf und reite, wozu du Lust hast."

Johannes ritt. Ritt, als ob er schon immer auf ‚SLEIPNIR' gesessen hätte, mit einer Selbstverständlichkeit, die nichts mit der verbissenen Anstrengung seines gestrigen Rittes auf ‚KREUZRITTER' zu tun hatte. Er ritt lächelnd und gelöst, dachte auch gar nicht daran, sich mit den Unterschenkeln festzuklammern. Wozu auch? ‚SLEIPNIR' ließ sich leicht lenken und ging willig vorwärts, aber nicht schneller, als Johannes es wollte. Moni warf noch einen prüfenden Blick auf das zufriedene Paar, bevor sie in den Stall flitzte. Zehn Minuten

später kam sie auf ‚NACHTIGALL' zum Außenviereck zurück.

„Komm, wir drehen noch eine Runde im Gelände", rief sie Johannes zu, als sei das die selbstverständlichste Sache der Welt.

Johannes wurde rot. „Ja, darf ich wirklich?", fragte er atemlos.

Moni beobachtete Frau Feldmann. Würde sie wieder einen ihrer unvermeidlichen Kommentare abgeben? – Natürlich.

„Johannes war aber noch nie im Gelände", protestierte sie. „Herr Rosenberg fand das immer zu gefährlich."

„Einmal muss immer das erste Mal sein", sagte Moni mehr nachdrücklich als logisch und fügte beruhigend hinzu: „‚SLEIPNIR' ist das sicherste Pferd, das ich kenne, gut ausgebildet und mit einem hervorragenden Temperament."

Es war nur ein kleiner, sehr vorsichtiger Ausritt, den sie machten. Immerhin gelang es Johannes, ‚SLEIPNIR' zum Tölten zu bringen, und Moni galoppierte auf ‚NACHTIGALL' nebenher. Der sonst so schweigsame Junge redete wie ein Wasserfall. Vor allem fragte er Moni nach ‚SLEIPNIR', nach seiner Herkunft, seinem Alter, seinen persönlichen Eigenheiten. Er wollte so viel über Islandpferde wissen, dass Moni ihn auf ein Buch aus ihrem Bücherschrank vertrösten musste.

Bei ihrer Rückkehr wurden sie schon am Hofeingang von Frau Feldmann erwartet. „Wie war's?", rief sie ihnen entgegen.

„Wunderbar", antwortete Johannes. „„SLEIPNIR' ist das schönste Pferd, auf dem ich je geritten bin. Ich muss dir gleich alles erzählen. Aber zuerst muss ich mein Pferd in den Stall bringen und versorgen!"

Frau Feldmann war spürbar erstaunt über den Rede-schwall ihres Sohnes. Sie hob zu einer Antwort an, brach aber wieder ab. Moni betrachtete sie argwöhnisch. Folgte wieder eine ihrer unnachahmlichen Bemerkungen? Johannes Mutter lächelte jetzt.

„Wie schön, dass du dich mit dem Pony so gut verstehst. Geh nur erst in den Stall und mach dein Pferd fertig."

Johannes verschwand, und Frau Feldmann wandte sich, immer noch lächelnd, an Moni. „Ich glaube, mein Sohn hat sich sein Pferd selbst ausgesucht. Was meinen Sie denn dazu?"

‚Das muss ich unbedingt Elisabeth erzählen', dachte Moni, während sie mit Frau Feldmann ein langes Gespräch begann.

Psychotest für Turnierteilnehmer

Was für ein Turniertyp bin ich?
Hier findest du exclusiv einen Psychotest für jeden Turnier-teilnehmer. Wer die nachfolgenden Fragen wahrheitsgetreu beantwortet, kann wichtige Einsichten für das eigene mentale Training erhalten. Denn auch im Turniersport gilt: Selbster-kenntnis ist der erste Weg zur Besserung!

Die Zeiteinteilung für das nächste Turnier ist eingetroffen. Wie bereitest du dich auf das kommende Ereignis vor?

a. Du legst die Turnierkleidung zurecht, entwirfst einen detaillierten zweiseitigen Zeitplan vom Aufstehen bis zum Start auf dem Turnierplatz und trainierst ab heute doppelt so lange wie bisher.

b. Du telefonierst ab sofort eine Stunde täglich mit deiner besten Freundin aus dem Reiterverein, um alle wichtigen Einzelheiten zu besprechen.

c. Du legst die Zeiteinteilung wie üblich deiner Mutter hin, damit sie sich um alles kümmert.

Der Morgen des Turniers ist gekommen, dein Start ist gnädiger-weise erst mittags um 12 Uhr. Wie sieht dein Vormittag aus?

a. Du stehst um 5.30 Uhr auf, weil du den Trick mit dem Anbrennen der Schuhcreme für besonderen Glanzeffekt auf den Reitstiefeln lieber ohne Zuschauer ausprobieren willst. Ab sechs Uhr meldet sich deine Verdauung mit leichtem Übereifer, kurz nach acht Uhr drängst du zum Aufbruch...

b. Eigentlich willst du um neun Uhr in den Stall fahren. Aber bis dahin ist es dir noch nicht gelungen, das Plastron so zu falten, dass es genauso gut aussieht wie bei der Siegerin vom letzten Mal, und die verdammte Hochsteckfrisur will auch nicht halten...

c. Um halb elf hast du den ersten Krach mit deiner Mutter, weil sie die dreckigen weißen Bandagen aus dem Stall nicht zum Waschen mit nach Hause genommen hat. Wie sollst du nun auf dem Abreiteplatz in der E-Dressur ein halbwegs professionelles Bild abgeben?

Noch eine halbe Stunde bis zum voraussichtlichen Start - was tust du gerade?

a. Du sitzt seit einer halben Stunde im Sattel und hast bereits deine schwarze Jacke und dein Plastron angelegt. Du versuchst krampfhaft, dich noch einmal genau an diesen Artikel in der letzten Reiterzeitschrift über die richtige Arbeit auf dem Vorbereitungsplatz zu erinnern.

b. Du reitest mit hingegebenem Zügel neben deiner Freundin auf dem Abreiteplatz hin und her und besprichst die brennende Frage, welcher der Herren ringsum am besten aussieht.

c. Du schickst deine Mutter zum Hänger, um die vergesse-

nen Kopfnummern zu holen, deine Schwester alle fünf Minuten zur Startertafel, einen Helfer nach Mineralwasser und einen zweiten nach Jacke, Gerte, Handschuhen, Sporen.

Dein Auftritt im Dressurviereck wird mit einer 5,5 belohnt. Wie reagierst du?

a. Du kaufst deinem Pferd einen Sack Möhren und versuchst, die Richter nach der Prüfung abzupassen, um in einem persönlichen Gespräch zu klären, wie du deine Arbeit mit dem Pferd noch verbessern kannst.

b. Du nimmst das unterbrochene Gespräch mit der Freundin auf dem Abreiteplatz genau da wieder auf, wo du es vor der Prüfung abgebrochen hast.

c. Du stellst erst einmal klar, wer hier der Schuldige ist: das Pferd, das nicht auf deine Hilfengebung hört, die Richter, die dich absichtlich schlecht bewerten und deine Helfer, die nie da sind, wo man sie gerade braucht.

Du musst im E-Springen leider ausscheiden, weil du einen falschen Parcours eingeschlagen hast. Welchen Kommentar gibst du nach dem Ritt ab?

a. Ich war einfach zu aufgeregt. Bevor ich das nächste Mal starte, werde ich einen Kurs für mentales Training besuchen.

b. Du leihst dir von deiner Freundin eine Turnierschleife aus, die du an den Spiegel des Autos hängen kannst, damit du wenigstens im Stall von dummen Fragen verschont bleibst.

c. Du hältst einen lauten Vortrag über folgende Themen:
● Unmögliches Parcoursdesign mit schlechter Linienführung

- Blendendes Licht durch ungünstigen Sonnenstand
- Helfer, die einem nie das Pferd abnehmen, damit man sich in Ruhe den Parcours einprägen kann.

AUSWERTUNG

Du hast mindestens dreimal a. *angekreuzt:*
Du bist entweder ein absoluter Turnierneuling - oder du hast bei der Ausfüllung dieses Fragebogens leider ein bisschen gemogelt.

Du hast mindestens dreimal b. *angekreuzt:*
Du bist eine modebewusste junge Dame im besten (Pubertäts)alter. Dich kann so leicht nichts aus dem Konzept bringen - es sei denn, dein Outfit und dein Styling entsprechen nicht deinen hohen Ansprüchen.
Du solltest dir klarmachen, dass in Pferdekreisen das Sprichwort „Kleider machen Leute" höchstens milde belächelt wird.

Du hast mindestens dreimal c. *angekreuzt:*
Seit der Kindergartenzeit bist du zwar älter und größer geworden, aber deine heimliche Liebe gilt immer noch dieser schönen Zeit. Keine Sorge: Deine Umwelt hat gelernt, dich entsprechend zu behandeln.

Keine Schleife für Karin

Karin ist ein echter Glückspilz: Ihre Mutter als ehemalige Dressurreiterin fördert ihre Reitausbildung nach Kräften. Schließlich bekommt Karin ein eigenes Pferd, eine vorzügliche Ausrüstung und professionellen Unterricht – alles, damit sich der erwartete Erfolg einstellt. Und dann startet sie mit ,Rocco' auf dem ersten Turnier...

„Du könntest ruhig ein bisschen mehr Begeisterung an den Tag legen! Freust du dich denn gar nicht?"

„Doch, doch, Mama, natürlich freue ich mich!", versuchte Karin ihre Mutter zu beruhigen. Und es stimmte ja auch. Wer würde sich nicht auf das erste eigene Pferd freuen?

Sie saß im Auto neben ihrer Mutter und kaute vor Aufregung an den Fingernägeln. Ihre Freude war nicht ungetrübt – dafür hatte ihre Mutter wie üblich einen sechsten Sinn. In ihre Vorfreude mischte sich nämlich auch ein kleines bisschen Angst. Angst vor der großen Verantwortung, Angst vor allem aber vor den hohen Erwartungen ihrer Mutter.

Ihre Freundinnen im Reiterverein hatten sie immer beneidet um eine sachverständige Mutter mit wohlgefülltem Portemonnaie. Nie hatte es bei ihr Probleme gegeben mit einer fachgerechten Ausrüstung oder einer systematischen Ausbildung.

Sie bekam statt der gerippten Reithose mit Knieleder eine Ganzleder-Hochbund-Reithose, statt der schweißtreibenden steifen Gummireitstiefel elegante Lederreitstiefel, Handschuhe aus High-Tec-Material und Sporen aus Edelstahl. Sie durfte zweimal in der Woche an Reitstunden und in den Ferien an Lehrgängen teilnehmen. Und trotzdem – so richtig sicher fühlte Karin sich im Sattel nicht. Vielleicht lag es auch daran, dass sie den hoch gespannten Erwartungen ihrer Mutter immer noch nicht ganz genügte.

Ihr Mutter war früher selbst geritten – Dressur bis zur mittelschweren Klasse M. In den entsprechenden Dressuraufgaben kamen Traversalen und fliegende Wechsel vor – Lektionen, von denen Karin bislang nur träumte.

Und jetzt war sie also unterwegs, um diesem Traum endlich in der Realität etwas näher zu kommen. Ihre Mutter und sie fuhren zu einem Dressurstall, der ihnen mehrere gut ausgebildete Pferde zum Kauf angeboten hatte.

Karin erinnerte sich mit einer Mischung aus Stolz und Beklemmung an das Telefongespräch, das ihre Mutter mit dem Ausbilder des Stalles geführt hatte.

„Ja, also ich suche ein Dressurpferd für meine Tochter, mittelgroß, gut erzogen, mit Turniererfahrung, mindestens sicheres L-Niveau ..."

Pause. Ihre Mutter horchte ungeduldig in den Hörer.

„Ja, natürlich ist mir klar, dass so ein Pferd etwas kostet, aber ich suche nach einem Pferd mit Zukunftsperpektiven, immerhin sollen die beiden mal M-Dressur gehen können."

‚M-Dressur', hatte Karin ungläubig gedacht, ‚und das, nachdem ich bisher nur Platzierungen in Einfachen Reiterwettbewerben habe!'. Unter den Turnierschleifen, die an einer langen Schnur über ihrem Bett hingen, befanden sich eine silberne und eine weiße, aber noch keine einzige goldene.

Ab wer widerspricht schon einer Mutter, die sich etwas in den Kopf gesetzt hat, noch dazu etwas so Traumhaftes wie den Kauf eines Pferdes? Karin bestimmt nicht.

Sie schwieg, probierte diverse Pferde aus und protestierte auch nicht gegen die Tatsache, dass ihre Meinung zur Auswahl eines geeigneten Pferdes wenig bis gar nicht gefragt war.

Aber als der Ausbilder des Dressurstalles schließlich einen dunklen Fuchs mit einer schmalen Blesse im hübschen Gesicht und vier regelmäßig weißen Fesseln aus dem Stall holte, gab sie doch ihre Zurückhaltung auf.

„Mama, sieht der nicht toll aus?"

Ihre Mutter strafte sie mit einem missbilligenden Blick. Schließlich hatte sie ihr auf der Autofahrt eingeschärft,

keine überschwengliche Begeisterung laut werden zu lassen.

„Man reitet nicht auf einem hübschen Gesicht oder einer schönen Farbe, sondern auf vier gesunden Beinen und einem guten Rücken", bemerkte ihre Mutter spitz. Nichtsdestotrotz fiel die Wahl auf den hübschen Dunkelfuchs ‚Rocco', denn er war gut ausgebildet und ließ sich als einziger auch von Karin einigermaßen problemlos handhaben.

Freilich, eine Meisterleistung war das Probereiten noch nicht. Karin fühlte sich alles andere als zu Hause auf dem Pferd. Kein Wunder: Es war größer und schwungvoller als alle Schulpferde, die sie kannte. Trotzdem begann Karin, ihre reiterliche Zukunft in rosigem Licht zu sehen.

„Vielleicht kann ich ja mit ‚Rocco' in der Donnerstagstunde mitreiten und am Sonntag beim gemeinsamen Jugendausritt", schlug sie auf der Heimfahrt vor.

Ihre Mutter zuckte zusammen. „Nichts von alledem. Wir werden das Pferd in einen anderen Stall stellen, ich habe da schon eine Lösung im Auge. ‚Rocco' braucht Beritt und du eine professionelle Ausbildung, damit ihr möglichst bald auf Turnieren starten könnt."

Was, sie sollte ihren gewohnten kleinen Reitstall am Stadtrand verlassen, in dem sie sich seit Jahren zu Hause fühlte? Karin schossen die Tränen in die Augen. Und sie hatte sich ausgemalt, was ihre Freundinnen für Augen machen würden über ihr neues Pferd!

Aber Karin schwieg. Sie hatte in vierzehn Lebensjahren genug Erfahrung gesammelt, um zu wissen, wann sie bei ihrer Mutter auf Granit biss. In Sachen Pferde und Reitaus-

bildung verstand ihre Mutter eben keinen Spaß – auch nicht den allerkleinsten.

IM NEUEN STALL

Halb hatte Karin gehofft, halb gefürchtet, dass ihre Mutter nun, nachdem ‚ROCCO' im neuen Ausbildungsstall untergebracht war, ihr Reiten mit Argusaugen überwachen würde. Aber dazu kam es nicht.

Karins Mutter arbeitet als Immobilienmaklerin – selbstverständlich mit großem Erfolg. Der Preis für diesen Erfolg war ein dauernder Zeitmangel. Bislang hatte ihre Mutter wenig Zeit für ihre Tochter gehabt. Alle nötigen Dinge wie Einkäufe, Anmeldungen oder Gespräche mit Ausbildern erledigte sie zum nötigen Termin – bei dem es immer schnell gehen musste. Zeit, ihrer Tochter in Ruhe beim Reiten zuzuschauen, hatte sie nicht. Dafür fragte sie nach jeder Reitstunde zuverlässig wie die Stundenglocke in der Schule:

„Was hast du heute gelernt?"

Karin hatte immer weniger Lust, zu erklären, was sie heute gelernt hätte. Schließlich war eine Reitstunde keine Schulstunde, wo man im Buch von Seite Sowieso bis Sowieso weitermachen konnte. Wenn Karin versuchte, vom Reiten zu erzählen, schien ihre Mutter – auch wenn sie sich nicht direkt kritisch äußerte, immer ein kleines bisschen unzufrieden zu sein.

So wurden Karins Berichte aus dem neuen Verein immer einsilbiger. Sie erzählte nicht von den Mädchen aus der Reitstunde für Privatpferde, die sie mit deutlicher Herablassung empfangen hatten. Dabei war ihr ‚ROCCO' eindeutig das beste Pferd weit und breit!

Sie erzählte nicht von dem Tag, an dem ihr neuer Reitlehrer Klaus Altmann sich verspätet hatte und sie beim Lösen fliegende Wechsel einlegte, um sich etwas Anerkennung zu verschaffen. Beim zweiten Versuch startete ‚Rocco‘ im Galopp regelrecht durch. Zu allem Überfluss hatte der Ausbilder das Ganze aus der Ferne beobachtet und stauchte sie vor versammelter Mannschaft zusammen:

„Lern du erstmal einen anständigen Übergang zwischen Arbeitstrab und Arbeitsgalopp, bevor du dich zu irgendwelchen höheren Aufgaben berufen fühlst. Auf diese Weise verdirbst du höchstens dein gutes Pferd!"

Erst als Karin von einem geplanten Abzeichenkurs erzählte, wurde ihre Mutter munter.

„Ich melde dich gleich morgen für das Kleine Reitabzeichen an. Natürlich schaffst du die Dressur mit ‚Rocco‘, da sind zur Not schließlich Hilfszügel erlaubt. Aber für das Springen brauchst du ein Schulpferd, so ein Dressurpferd ist dafür viel zu wertvoll."

Karin hätte gern gelernt, mit ‚Rocco‘ einen Parcours zu springen. Vielleicht hätte das ihr gegenseitiges Vertrauen verbessert. Aber sie tat, was gehorsame Töchter manchmal zu tun pflegen - sie schwieg.

NICHT BEFRIEDIGEND

Karin saß auf ihrem Fuchs ‚Rocco‘ und zitterte. Sie war leichenblass und fror, obwohl es das Wetter gut meinte mit den Reitern an diesem Turniertag: Sonne und leichte Bewölkung, kein kalter Wind, keine pralle Hitze, kein Regen.

Karin starrte auf die Startertafel der laufenden E-Dressur und studierte zum hundertsten Mal die Ergebnisspalten.

Startnummer 412 - das war sie, Karin Schmied auf ‚ROCCO'. Und hinter dieser Nummer stand eine 5,9. Karin kämpfte mit den Tränen. Wenn es wenigstens eine 6,0 gewesen wäre! 6 hieß in der Reitersprache ‚BEFRIEDIGEND', eine 5 war nur ‚GENÜGEND'.

Klar, ihr Ausbilder Klaus Altmann hatte bei der Turnierbesprechung allen Jugendlichen des Vereins ausdrücklich erklärt: „Jede Bewertung höher als 5,0 enthält auch ein Lob."

Aber 5,9 hieß für Karin vor allem: ‚NICHT BEFRIEDIGEND'. Und das ihr, wo sie doch der Star des Vereins war - oder jedenfalls werden wollte, werden musste, wollte sie sich nicht unsterblich blamieren.

Das bronzene Reitabzeichen trug sie inzwischen an der Turnierjacke angesteckt. Zur Prüfung war sogar ihre Mutter gekommen und hatte ihr gratuliert – nicht ohne den Reitlehrer im nächsten Augenblick nach Startmöglichkeiten auf Turnieren zu fragen.

„Schließlich kann meine Tochter jetzt A-Dressuren reiten!"

Leider hatte Karin gehört, wie ein anderes Mädchen Umkleideraum ihre Mutter nachäffte...

„Was bildet die sich eigentlich ein? Bloß, weil sie ein gutes Pferd hat, ist sie immer noch nicht die Königin von Saba."

Karin fühlte sich höchst ungerecht behandelt. Und nur insgeheim war sie ihrem Reitlehrer dankbar. Er hatte darauf bestanden, dass sie mit ‚ROCCO' als erstes in Klasse E an den Start ging und nicht gleich in Klasse A.

5,9... Und sie hatte sich heimlich schon als Siegerin gesehen, hatte sich ausgemalt, wie sie an der Spitze der Ehren-

runde lässig mit einer Hand winkend rund um den Platz galoppieren würde; wie die goldene Schleife auf der Heimfahrt vor der Windschutzscheibe des Vereinstransporters baumeln würde, sodass jeder ihren Erfolg sehen könnte... Glück im Unglück war die Tatsache, dass ihre Mutter in letzter Sekunde von einem ungeduldigen Kunden angerufen worden war, der einen sofortigen Besichtigungstermin wünschte. So hatte sie nicht kommen können. Karin brauchte sich nur den Kommentar ihrer Mutter zu ihrer Note auszumalen, und mit ihrer mühsam gewahrten Fassung war es vorbei.

Die Richter hatten heute offensichtlich ihren kritischen Tag. Noch lag Karin mit ihrer Wertung an siebenter Stelle, noch war wenigstens eine grüne Schleife drin - aber noch war auch ein Drittel des Feldes nicht gestartet.

Jetzt ritten gleich zwei Vereinskameradinnen von Karin ein - sie starteten auf vereinseigenen Schulpferden. Na ja, die durften halt auch mal mit aufs Turnier. Aber mit einem Pferd wie ‚Rocco' konnten sie natürlich nicht mithalten. Karin kannte die Pferde nicht näher, denn als Reiterin eines Privatpferdes hatte sie kaum Kontakt zu den Reiterinnen im Schulbetrieb. Sie fühlte sich ja noch nicht einmal unter den anderen Mädchen in ihrer Reitstunde heimisch.

Wenn sie ganz ehrlich war - Karin hätte zu gerne manchmal mit den andern Mädchen mitgelacht und mitgemacht. Aber schließlich war sie etwas Besonderes, sie hatte mit Abstand das beste Pferd und so etwas verpflichtet – wie ihre Mutter nicht müde wurde, zu betonen.

Da, die beiden Vereinskameradinnen ritten aus dem Viereck und steuerten auf die Startertafel zu. Karin schreck-

te hoch. Gleich würden die Ergebnisse angeschrieben werden. Tatsächlich: der Mann mit der Kreide erschien und notierte eine 6,5 und eine 7,8.

Karin schossen die Tränen in die Augen. Ein Schulpferd heimste 7,8 ein, das zweite stand bislang noch an vierter Stelle und sie war endgültig aus der Platzierung gefallen! Nicht mal mehr zur Reserve hatte es gereicht... Schluchzend wendete sie ihr Pferd, um der Begegnung mit den erfolgreichen Konkurrentinnen aus dem Weg zu gehen.

DIE HEIMKEHR

Viele Stunden später öffnete Karin zu Hause die Tür und fiel ihrer Mutter um den Hals.

„Kind, wie war es denn? Wie hast du abgeschnitten?"

Karin lachte. „Für eine Platzierung hat es diesmal noch nicht gereicht. Aber Mama, ich sage dir was: Das war heute der schönste Tag in meinem Leben."

Lange noch saßen Mutter und Tochter zusammen und Karin erzählte, wie ihre Vereinskameradinnen sie getröstet hatten, wie der Reitlehrer ihr Mut gemacht hatte und wie sie plötzlich das Gefühl hatte, endlich dazuzugehören. Stück für Stück war die schwere Last der Erwartung von ihr abgefallen, dass sie mit ihrem guten Pferd auch gleich besser reiten können sollte als alle anderen.

Karin bemerkte in ihrer Begeisterung nicht, wie ihre Mutter schluckte. Aber die tat, was gute Mütter manchmal im richtigen Augenblick tun: Sie schwieg und hörte ihrer Tochter noch lange zu.

Aus dem Pferdetagebuch

Es gibt Pferdebesitzer, die behaupten allen Ernstes, ihr Pferd könnte lesen und schreiben. Recht haben sie! Die Autorin dieses Buches ist auf geheimnisvollen Wegen (die hier natürlich nicht verraten werden) in den Besitz eines einzigartigen Dokumentes gelangt: das Turnier-Tagebuch eines Pferdes. Der vierbeinige Verfasser möchte gern anonym bleiben; also verraten wir hier nur, dass es sich um einen siebenjährigen Wallach mit dem Ausbildungsstand E/A-Dressur handelt...

DIENSTAG

Herrjeh, ich glaube, ich spüre jeden einzelnen Knochen! Normalerweise kann ich überflüssige Anstrengungen ganz gut vermeiden. Aber heute war irgendwie arbeiten dran, ich verstehe selber nicht so genau, warum. Jedenfalls hatte die Reitstunde es in sich. Immer, wenn dieser Reitlehrer da ist und mein Mädchen alleine in der Halle ist, dann droht echte Arbeit. Üblicherweise lasse ich es dann vorsichtshalber etwas langsamer angehen. Aber heute...

Da hat sich dieser Mensch doch eine neue Übung für mich und mein Mädchen ausgedacht, und irgendwie ist

dieses Sache ziemlich unfair. Man kann sich verdammt schlecht dagegen wehren!

,Schulterherein' hat der Reitlehrer das genannt, und ich kann nur sagen, diese Übung hat es in sich. Erst hinterher hab ich überhaupt gemerkt, wie sehr ich mich dabei anstrengen musste. Es fing einigermaßen harmlos an, mit einer Volte in der ersten Ecke der langen Seite, und dann ging es so szusagen gebogen weiter geradeaus, und irgendwie hatte ich plötzlich ziemlich viel Platz unter dem Körper für mein inneres Hinterbein und konnte meinen Kopf etwas höher tragen (hab ich ja eigentlich ganz gerne, weil es die Anerkennung von Seiten der Kollegen fördert).

Aber wenn ich vorher gewusst hätte, wie ich mich jetzt fühle, wäre ich garantiert nicht auf dieses ,Schulterherein' hereingefallen!

DONNERSTAG

Es geht also wieder los. Naja, nach dieser hektischen Arbeitsstimmung in den letzten Wochen und diesem Üben mit dem gelben Ordner mit den ganzen Aufgaben drin war das ja nicht anders zu erwarten. So ganz weiß ich allerdings noch nicht, wie ich das finden soll. Einerseits bedeutet ein Turnier natürlich Stress – andererseits hat so eine Ehrenrunde ja auch was für sich, vor allem, wenn man an der Spitze gehen kann. Beifall ist schließlich der Hafer des Künstlers! Und eines muss ich meinem Mädchen ja zugestehen: Sie kümmert sich auf dem Turnier wunderbar um mich. Ich brauche nur ein bisschen im Hänger hin- und herzutrampeln, schon holt sie mich heraus und lässt mich an der Hand grasen – prima Beschäftigung! Könnte von mir aus den ganzen Tag so bleiben.

Aber heute ist erstmal das ganze Wasch- und Putzprogramm dran, das lässt man halt so geduldig über sich ergehen, schließlich immer noch besser, als in der Box rumzustehen. Und an solchen Tagen, das weiß ich aus Erfahrung, ist das Reitprogramm immer schön gemütlich, ordentlich vorwärts, und ich darf meinen Hals dehnen und brauche eigentlich nur gute Laune zu demonstrieren. Ist eigentlich eine meiner leichtesten Übungen, wenn man mich ansonsten in Ruhe lässt!

Heute werde ich zu allem Überfluss auch noch frisiert, das heißt, mein Mädchen reißt mir mit dem Kamm Haare aus der Mähne. Was denkt sie sich bloß dabei? Nach einer Weile hab ich glatt meine gute Erziehung vergessen. Mit dem Kopf schlagen kann man schließlich, selbst wenn man angebunden ist und mit den Vorderbeinen trampeln auch.

Schließlich hatte sie ein Einsehen und fing mit dem Einflechten an. Das finde ich nun auch ziemlich überflüssig – manchmal wüsste ich zu gern, was in den Köpfen der Zweibeiner so vorgeht; viel kann es allerdings nicht sein, bei den kleinen Köpfen! Wenn mich die Fliegen aber heute Nacht zu sehr ärgern, weiß ich da eine wunderbare Stelle in meiner Box, wo ich mit ein bisschen Reiben und Scheuern diese dämlichen Zöpfe ganz gut aufkriegen kann. Aber mühsam ist das schon! Manchmal wäre es doch ganz praktisch, solche Finger zu haben wie mein Mädchen.

FREITAG

Wenn ich etwas hasse, dann ist es, in der Mittagsruhe gestört zu werden. Eigentlich sollte mein Mädchen das wissen. Trotzdem schleift sie mich zwanzig Minuten nach dem Füttern aus der Box, verpackt mich bis zum Hals in eine

Decke und vier dämliche Riesendinger um die Beine, bringt schimpfend die offenen Zöpfchen wieder in Ordnung (hihi) und führt mich zum bereitgestellten Pferdehänger. Schon merke ich, wie meine Verdauung sich unangenehm bemerkbar macht. Nicht zu ändern – man ist schließlich sensibel.

Soll ich, soll ich nicht? Also, einen kleinen Denkzettel hat sie verdient für dieses Haareausreißen und die Störung in der Mittagspause. Ich bleibe also vor der offenen Hängerrampe stehen und rühre keinen Huf. Ich schaue in die Gegend, nehme den Kopf so hoch ich kann und schlage mit dem Schweif.

Wenn ich das ein bisschen durchhalte, wird das ganze Programm abgespult: ein Futtereimer (sehr gut), Mohrrüben (noch besser), zwei Longen (na ja), Huf für Huf vorsetzen (ganz lustig) und genau dann lässig hineingehen, wenn mein Mädchen beginnt, die Nerven zu verlieren... Man hat schließlich so seine Erfahrungen!

Hängerfahren ist ziemlich doof. Aber wenn dieser zweibeinige Idiot am Steuer auch noch mit Schwung aus der Kurve fährt, dann muss ich was unternehmen. Schließlich bin ich wirklich in Gefahr, die Füße zu verlieren. Ich donnere also einmal energisch gegen die Seitenwand. Sofort geht es langsamer; na also!

Auf dem Turnierplatz angekommen, gibt es schon wieder Hektik. Vielleicht sollte ich mal nachdrücklich klar stellen, dass ich so viel Stress nicht leiden kann. Also tänzele ich beim Satteln, scharre, wiehere und bleibe beim Aufsitzen nicht stehen.

Endlich ist mein Mädchen oben, aber das macht es nicht besser. Was für ein Häufchen Elend da auf meinem Rücken

sitzt! Ob ich es vielleicht doch etwas übertrieben habe? – Egal, meine Verdauung meldet sich schon wieder, und diese ganzen Kumpels auf dem Abreiteplatz muss ich ja auch noch gebührend begrüßen.

Übrigens, dieser Platz gefällt mir nicht besonders. Genauer gesagt, er gefällt mir überhaupt nicht. Diese Fahnen, diese komischen Schirme an der Seite, diese flatternde Absperrung und im Hintergrund die Straße... Wofür hält man mich eigentlich? Ich bin, wie schon gesagt, sehr sensibel! Und jetzt schon in dieses komische Viereck? Was denkt sich mein Mädchen denn. Das kann doch nicht ihr Ernst sein?!

Einreiten, Halten. So fängt das ja immer an. Wenn ich nervös bin, trete ich gern mal von einem Bein aufs andere. Wehe, wenn sie dann mit den Sporen kommt, dann ist mindestens ein kleiner Satz fällig. – Sie kommt nicht mit den Sporen. Ich warte.

Normalerweise kommt jetzt immer die Stimme dieses Ansagers. Was ist denn heute los? Die Sporen kommen doch. Ich soll losgehen, bevor es überhaupt ein Kommando gibt? Haben wir heute keinen Ansager? So was Blödes! Denkt mein Mädchen denn, sie wäre die Einzige, die versteht, was als Nächstes kommen soll? Also, wenn sie anfangen will, das kann sie haben.

Kleiner Blitzstart gefällig? Na, man ist ja Kavalier. Aber ein bisschen Losstürmen ist trotzdem angesagt. Huch, ich merke schon, sie kriegt es mit der Angst zu tun da oben. Jetzt geht es nach rechts, dann eine Schlangenlinie... ich weiß Bescheid. Das haben wir doch geübt die ganze letzte Zeit. Da vorne wird angehalten... also bremse ich schon mal rechtzeitig, damit das Ganze nicht zu anstrengend wird.

Plötzlich klappert es ganz furchtbar. Hört sich an, als ob einer meiner Kollegen von der springenden Zunft in ein Hindernis gefallen wäre. Da muss ich doch mal einen Blick auf den Abreiteplatz Springen werfen. Ach so, Kopf hoch passt meinem Mädchen nicht? Ist ja schon gut. Es geht weiter. Jetzt kommt der Galopp, das gefällt mir immer am besten. Erst einmal herum und dann geradeaus, und da darf ich dann mal endlich vorwärts!

Als ich gerade so richtig schön am Laufen bin, kommt rechts so ein kleiner Köter aus dem Gebüsch. Nicht, dass ich Angst vor Hunden hätte – aber das gehört sich einfach nicht. Also ist ein kleines Seitensätzchen fällig. Mein Mädchen kriegt beinahe die Krise da oben, wetten, dass die den Hund mal wieder nicht gesehen hat? Zweibeiner sind einfach blind.

Irgendwann ist jedenfalls die Aufgabe zu Ende. Als wir zum Hänger zurückreiten, schreit jemand: 6,0. Na, ich wusste doch, dass ich meine entgangene Mittagspause bald nachholen könnte. So macht man das: nicht übertreiben mit den Fehlern, damit es kein Strafexerzieren gibt und mein Mädchen mir die Leckerbissen entzieht. Aber man darf doch seinem Unmut deutlich Luft machen...

SAMSTAG

Heute ist so ein Frühaufsteh-Tag. Wenn mein Mädchen um diese unchristliche Uhrzeit kommt, gibt es wenigstens gleich Futter. Diesmal gönnt sie mir sogar auf dem Turnierplatz noch eine kleine Verdauungspause, also ist sie doch kein hoffnungsloser Fall. Ich sage immer: Man muss sich seine Menschen erziehen.

Fahnen, Sonnenschirme, andere Pferde... hatten wir ja
alles gestern schon. Und heute morgen ist es noch schön
kühl, nicht so voll, und der Tag ist noch frisch: Na, dann
wollen wir mal.

Viereck verkleinern und vergrößern? Offensichtlich ist heute die andere Aufgabe an der Reihe. Dass mein Mädchen immer noch glaubt, ich wüsste nicht, was kommt, wenn sie verbissen immer alles übt, was in der Aufgabe so dran ist! Zweimal durchgeritten, und ich kenne meinen Job, auch wenn keine Kommandos gegeben werden. Soll ich heute mal? So eine Ehrenrunde wäre doch mal wieder ganz lustig – ist sowieso das Beste am ganzen Turnier!

Also, erst einmal im Trab ein bisschen Muckis zeigen, damit diese Herren mit den komischen Hüten am Tisch da vorne gleich wissen, wen sie vor sich haben. Und dann zack! – Stehen wie angewurzelt. Und ebenso zackig wieder antraben, das lieben sie doch. Also tue ich ihnen den Gefallen. Die Sache fängt an, mir Spaß zu machen. Vorwärts und Beine schmeißen? – Eine meiner leichtesten Übungen. Stehen? Rückwärts? Ich habe heute meinen großzügigen Tag.

Und Galoppieren auf dem Zirkel ist angesagt? Können wir doch schön langsam, ist zwar ein bisschen anstrengend, aber was soll's. Zulegen? Ich liebe das! Und wenn's sein soll, lasse ich mich sogar wieder im Tempo einfangen, schließlich weiß ich doch, worauf diese Herren am Tisch da vorne so schauen.

Auf dem Abreiteplatz ist nix los, im Gebüsch auch nicht, also keine willkommene Ablenkung. Dann kann ich ja meinem Mädchen mal den Gefallen tun...

Hab ich's nicht gesagt? Wertnote 7,6. Das reicht für einen der vorderen Plätze. Und in der Ehrenrunde bin ich diesmal der Erste, koste es, was es wolle!

Wunder passieren nicht

Seit ‚BLACK BEAUTY' krank ist, kümmert sich Jennifer hinge-
bungsvoll um ihr Lieblingspony. Eigentlich ist sie schon ziem-
lich groß für eine Ponyreiterin – aber der Rappwallach ist der
Star des ganzen Reitervereins. Und niemand aus dem ganzen
Schulbetrieb hätte es gewagt, Jennifer dieses Pferd streitig zu
machen. Bis zu dem Tag, an dem ein neues Mädchen im Ver-
ein auftaucht...

„Beiß sie, los, beiß sie! Leg die Ohren an, mach ein böses
Gesicht, fang wenigstens ein kleines bisschen zu zappeln
an, bitte, bitte..." Jennifer versuchte, den schwarzen Ponywallach aus der Ferne zu hypnotisieren, aber vergebens.
Der Rappe mit dem hübschen Kopf und dem kleinen, unre-
gelmäßigen weißen Fleck auf der Stirn stand gottergeben
da und rührte sich nicht. Das kleine blonde Mädchen mit
den kurzen Strubbelhaaren schien ihn nicht im Geringsten
zu stören. Sie hatte ihn geputzt und ließ dann ganz vorsichtig den Sattel in die Sattellage gleiten. Als sich ‚BLACK
BEAUTY' wie üblich mächtig aufblies, sodass der Gurt gar

nicht mehr um seinen Bauch zu passen schien, wechselte sie geduldig noch einmal auf die rechte Seite und ließ dort den Sattelgurt ein Stückchen herunter. Mit geschickten Handgriffen schob sie dem Pony die Trense ins Maul.

Jennifer sah auf das nette Bild, das die beiden zusammen abgaben, und fand, dass es scheußlich aussah. Nicht ‚BLACK BEAUTY', natürlich. Er war der unbestrittene Star des Schulbetriebes in ihrem Verein. Aber dieses neue Mädchen, diese Doris... Klein und dünn und eine Frisur, die kaum diesen Namen verdiente. Eine beige Billig-Reithose, natürlich nur mit Knieleder, die ihr ein bisschen zu groß war. Keine Lederstiefel, sondern kurze Stiefeletten und Minichaps. Naja, die waren ja immerhin momentan groß in Mode – was man von dem Allerwelts-T-Shirt mit Pferdekopf darauf nicht gerade behaupten konnte. Typisch Kinderkram!

Alles in allem sah diese Doris nicht gerade aus wie jemand, nach dem man sich im Reiterverein extra umschauen müsste.

NUR LEICHTGEWICHTE

Ihre Reitlehrerin schien das anders zu sehen. Jennifer schluckte, wenn sie an ihr Gespräch am Anfang der Woche dachte. Frau Steinbrecht war zu ihr gekommen, als sie ‚BLACK BEAUTY' führte – wie sie es nun schon seit seiner Sehnenverletzung, das heißt, seit acht Wochen, jeden Tag zuverlässig machte. „Gestern war der Tierarzt da", begann Frau Steinbrecht. „Ja?", hatte sie zögernd geantwortet. Ganz tief innen meldete sich einmal wieder ungebeten ihr schlechtes Gewissen. Schließlich hatte sie ‚BLACK BEAUTY' damals auf dem Turnier im tiefen Boden eine Stunde lang abgeritten... „Er hat gesagt, dass wir ihn ganz langsam wie-

der anfangen können zu arbeiten. Aber zunächst auf hartem Boden, also hier auf dem Asphalt."

Sie zeigte überflüssigerweise auf den Weg, auf dem sie beide mit dem Pony gerade liefen und der vom Stall bis zu den Koppeln führte. „Wir sollen ein Leichtgewicht draufsetzen, hat der Tierarzt gesagt." Und sie machte eine lange Denkpause für Jennifer - genügend Zeit für sie, sich gründlich zu überlegen, dass sie mit ihren 1,70 Meter Länge und einem Gewicht von leider 63 kg in Sachen Ponyreiten nicht mehr zu den Leichtgewichten zählte.

„Da muss ich mir echt was einfallen lassen", setzte die Ausbilderin hinzu.

Jennifer schwieg. Was hätte sie auch sagen sollen? Frau Steinbrecht wusste genau wie sie selbst, dass ,BLACK BEAUTY' zwei Gesichter hatte. Eines war für die kleinen Ponyreiter in der Abteilung bestimmt, die er – ausgebunden - mit Engelsgeduld im Zeitlupentempo durch die Halle trug und von denen er dafür heiß geliebt wurde. Das andere galt den größeren ReiterInnen, die ihn ohne Ausbinder durchs Genick zu reiten versuchten. Die hatten plötzlich ein temperamentgeladenes Energiebündel unter sich, das immer erst einmal heftig auf Widerstand schaltete, bevor es bereit war, nachzugeben.

Hier draußen auf dem Asphalt konnte aus Sicherheitsgründen nicht mit Ausbindern geritten werden. Wer, wenn nicht sie, die erfahrene und eingeschworene ,BLACK BEAUTY'-Reiterin, sollte die Aufgabe übernehmen, das Pony wieder langsam ins Training zu nehmen? Kein Wunder, dass Frau Steinbrecht keine rasche Lösung für ihr Problem parat hatte.

DURCHS GENICK

Bis gestern. Da war zum ersten Mal diese Doris aufgetaucht, offenbar zusammen mit ihrer Mutter. Die fremde Frau, eine eher unauffällige, schmale Person mit halblangen dunklen Haaren, hatte die Reitlehrerin sofort in ein langes Gespräch verwickelt. Und das Ende vom Lied war nun, dass diese hergelaufene Doris offensichtlich ihren ‚BLACK BEAUTY' reiten sollte.

Aber man soll den Tag ja nicht vor dem Abend loben... Noch konnte diese Doris ja auch von ‚BLACK BEAUTY' fallen und sich ihre blöden Knochen brechen. Noch konnte ‚BLACK BEAUTY' durchgehen und bis auf die Koppeln rennen oder umdrehen und wieder in den Stall sausen. Der einzige Schönheitsfleck an dieser Vision war freilich, dass das Pony seine Sehne und damit seine Gesundheit wieder in Gefahr brachte, wenn es unkontrolliert herumtobte.

Mit Argusaugen betrachtete Jennifer, wie Doris sich einen lächerlich aussehenden Militaryhelm mit einem knallbunten Kappenüberzug aufsetzte, das Pony ein Stückchen führte, angurtete und von einem großen Stein am Rand des Asphaltweges aufstieg. ‚BLACK BEAUTY' benahm sich mustergültig.

Aber die Stunde der Wahrheit würde erst kommen, das wusste Jennifer ganz genau, wenn sie die Zügel aufgenommen hatte, also jetzt... Wo Frau Steinbrecht bloß war? Sie konnte doch nicht allen Ernstes diesen Zwerg da auf dem Pony in so einer Situation allein lassen? Wieso führte sie eigentlich ‚BLACK BEAUTY' nicht?

Jennifer drehte sich suchend um, und da ertönte auch schon hinter ihr die Stimme der Reitlehrerin:

„Stell ihn gleich von Anfang an die Hilfen, damit er nicht auf dumme Gedanken kommt!"

„Mach ich!" Die Antwort von Doris klang völlig selbstverständlich.

Jennifer wäre am liebsten in lautes Hohngelächter ausgebrochen. Als ob das so einfach wäre! Als ob ‚BLACK BEAUTY' nicht gerade diesen Versuch, ihn an die Hilfen zu stellen, allzu gern mit einem kleinen Tänzchen beantworten würde...

Gleich, gleich musste es geschehen. Jennifer beobachtete das Pony und seine Reiterin mit Argusaugen.

Nichts passierte. Oder doch: Das Pony senkte den Kopf, ließ den Hals fallen und trat willig durchs Genick an. Vom Fleck weg. ‚BLACK BEAUTY', ihr Pony, das sie selbst regelmäßig eine halbe Stunde abreiten musste, bis es leidlich am Zügel ging, marschierte mit diesem nichtssagenden Zwerg von Mädchen auf dem Teerweg wie in einer Dressuraufgabe - und das, nachdem er acht Wochen lang nicht geritten worden war.

Mit Tränen in den Augen wandte Jennifer sich ab und verzog sich in ‚BLACK BEAUTYS' Box. Hier war sie sicher und ungestört. Es war äußerst nützlich, sich hier auszuheulen und die Tränenspuren zu beseitigen, bevor sie zu Hause ankam. Ihre Mutter hatte so eine fatale Art, unangenehme Fragen zu stellen. Und der konnte sie die ganze Sache schließlich nicht erzählen, die würde dafür überhaupt kein Verständnis haben. Jennifer konnte sich genau vorstellen, wie die Unterhaltung ablaufen würde. Manchmal hatte es ja seine Vorteile, wenn man eine Reiterin zur Mutter hatte, aber manchmal war es auch unbestreitbar ein Nachteil.

Hatte ihre Mutter nicht schon mehrfach darauf hingewiesen, dass sie eigentlich schon nicht mehr auf ‚BLACK BEAUTY' passte?

„Das Pony deckt die große Reiterin nicht mehr in gewünschtem Maß!", hatte ein Richter in gestelzter Ausdrucksweise unter ihr letztes Protokoll geschrieben, und ihre Mutter hatte ihm auch noch Recht gegeben.

„Es ist doch klar, dass du eines Tages zu groß für das Pony sein würdest. Wunder passieren halt nicht!", hatte sie gesagt, statt ihr wenigstens Mitleid entgegenzubringen. Und als Jennifer schluchzte: „Ich finde nie wieder so ein Pferd wie ‚BLACK BEAUTY!'", hatte sie nur eine Allerweltsweisheit parat gehabt: „Du wirst sehen, das Leben geht weiter, und du findest auch wieder ein Pferd für dich." Sollte sie ihrer Mutter vielleicht erzählen, wie schlimm und peinlich es für sie war, dass dieses fremde Mädchen so offensichtlich viel besser reiten konnte als sie selbst? Dass sie schlichtweg neidisch und eifersüchtig war? Sie hatte ja nicht nur endgültig als Reiterin für ‚BLACK BEAUTY' ausgedient, sondern auch noch ihren Ruf als beste Reiterin des Ponys eingebüßt. Was das für sie hieß, das konnte sowieso keiner nachfühlen, schon gar nicht ihre Mutter. Für Jennifer war sonnenklar: So ein Pony gab es nicht zum zweiten Mal im Schulbetrieb und so ein Pferd auch nicht. Am besten würde sie mit dem Reiten aufhören, gleich morgen.

TAGTRÄUME

Trotz dieser trüben Gedanken fand sich Jennifer am nächsten Tag zur gewohnten Zeit im Verein ein. Vielleicht würde ja doch ein Wunder passieren und ‚BLACK BEAUTY' würde heute einen Aufstand gegen Doris wagen. Vielleicht

würde Doris gar nicht kommen, und sie könnte sich wieder selbst um ihren Liebling kümmern, zuverlässig wie eh und je...

Nichts von diesen erhofften Wundern stellte sich ein. Als Jennifer in den Verein kam, sah sie so schon von weitem Doris völlig selbstverständlich auf dem zufrieden in vorbildlicher Haltung vorwärts marschierenden kleinen Rappen sitzen. Er kaute, spitzte die Ohren und Doris strahlte. Es hätte nicht schlimmer sein können.

„He Jennifer, hast du schon das neue Pferd gesehen?" Das war ihre beste Freundin Petra, die ihr entgegenkam und sie am Arm in Richtung Quarantänebox zerrte. Jennifer ließ sich liebend gern ablenken.

In der abseits gelegenen Einzelbox stand ein wunderschöner mittelgroßer Schimmel mit riesigen dunklen Augen und fühlte sich offensichtlich ziemlich unwohl. Als Jennifer ihn ansprach, kam er zur Tür und steckte seine Nase vertrauensvoll durchs Gitter. Jennifer betrachtete ihn hingerissen. Was für ein wundervolles Pferd! Wenn doch nur der Tag käme, an dem ihr eigenes Pferd sie hier in der Quarantänebox begrüßen würde... Aber dieses Wunder würde höchstens am Sankt Nimmerleinstag geschehen, also überhaupt nicht. Ein Pferd für sie konnten sich ihre Eltern einfach nicht leisten, das Thema war in der Familie bereits abgehakt.

„Ach, hier finde ich dich also!"

Jennifer schrak auf, drehte sich um und sah eine schmale, dunkelhaarige Frau näher kommen. Wer das wohl war? Ach richtig: Es musste die Mutter von Doris sein. Nicht zu fassen, jetzt wollte die auch noch etwas von ihr!

„Du bist Jennifer, nicht wahr?", sagte die fremde Frau und streckte ihr die Hand hin.

„Guten Tag", verbunden mit einem Nicken. Zu mehr konnte sich Jennifer nicht überwinden. Aber die Frau schien ihre Zurückhaltung nicht zu bemerken. „Ich wollte dich etwas fragen. Hättest du Lust, ich meine..." Sie zögerte einen Moment. „Frau Steinbrecht hat mir erzählt, wie zuverlässig du dich um das kranke Pony gekümmert hast. Magst du dich vielleicht in Zukunft um ‚ALLEGRO' kümmern?"

‚ALLEGRO' musste der Schimmel sein. Jennifer starrte die Frau mit offenem Mund an. Die fremde Frau lächelte immer noch freundlich. „Ich bin so froh, dass Doris sich mit diesem ‚BLACK BEAUTY' angefreundet hat. Vor vier Wochen ist ihr eigenes Turnierpony an einer Kolik eingegangen."

Jennifer hatte plötzlich einen Kloß im Hals. Das fremde Mädchen hatte sein Pony verloren... Wenn ‚BLACK BEAUTY' eingehen würde – nicht auszudenken. Da sah sie ihn schon lieber unter einer anderen Reiterin...

„Eigentlich wollte Doris mit dem Reiten aufhören", fuhr ‚ALLEGROS' Besitzerin in ihrem Bericht fort, offenbar ohne zu merken, wie es ihrem Gegenüber zumute war. „Und nun hat Frau Steinbrecht sie gebeten, ihr zu helfen, das kranke Pony wieder ins Training zu nehmen, weil sie sonst niemanden hat, der das übernehmen kann – und das hat gewirkt. Ich bin ziemlich froh darüber, weißt du..."

Und mit einem kleinen, verständnisvollen Lächeln fügte sie hinzu: „Frau Steinbrecht hat mir auch gesagt, dass du schon ganz nett reiten würdest. Vielleicht könntest du lernen, ‚ALLEGRO' zu bewegen, wenn ich mal keine Zeit habe?"

Sie wies mit der Hand auf den Schimmel in der Box vor ihnen.

„Für unsere Doris ist er einfach noch ein bisschen zu groß... Aber du brauchst keine Angst zu haben: Er ist sehr brav. Ich reite ihn selbst auf Turnieren."

Jennifer machte den Mund auf und wieder zu. Sie wollte etwas sagen, aber sie brachte einfach keinen Ton heraus. Doris' Mutter wertete ihr hartnäckiges Schweigen offenbar als Zögern.

„Es ist wirklich ein gutes Pferd", sagte sie. „Er geht L-Dressur!"

Jennifer erwachte aus ihrer Erstarrung. „Ja, und ob ich will", sagte sie inbrünstig, und dann liefen ihr ein paar vorwitzige Tränen über die Backen, von denen sie überhaupt nicht wusste, wie die da hingekommen waren.

Eine Viertelstunde später saßen ein kleines blondes und ein großes dunkelhaariges Mädchen vor der Box eines schwarzen Ponys und hatten sich – so sah es jedenfalls aus – unendlich viel zu erzählen.

Neue Eisen für Blacky

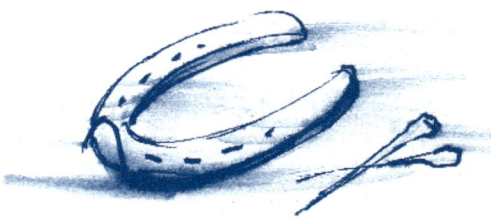

‚BLACKY' ist ein kleines schwarzes Pony mit einem großen Herzen. Heike, die als dienstältester Pferdewirt-Lehrling auf dem Lärchenhof lebt, hat dem Pony viel zu verdanken. Und dann wird ‚BLACKY' krank – schwer krank. Ist er wirklich nur noch eine Belastung für den Hof? Quält er sich nur noch mit seinem chronischen Husten? Und kann man nichts mehr für ihn tun? Die Meinungen darüber sind durchaus geteilt...

NICHTS ZU MACHEN

„Also, die Pest ist das mit euren Pferden", schimpfte Dr. Gräser und packte seine Instrumente wieder ein.

„Was, die Pest?", stichelte Heike den Tierarzt. „Und wir dachten, sie hätten den Husten!"

Dr. Gräser rang sich ein gequältes Lächeln ab.

„Das ist gar nicht zum Lachen. Ein normaler Husteninfekt müsste nach vierzehn Tagen vorbei sein. Aber eure Tiere husten ja schon wochenlang, sogar die beiden Shetlandponys, die Tag und Nacht draußen sind und eigentlich allen Grund hätten, gesund zu sein. Aber bei den großen Pferden ist es doch schon etwas besser geworden. Hier –", er

hielt Heike eine Flasche hin – „‚Trine' und ‚Mirabelle' bekommen jeweils einen Esslöffel Saft ins Futter, dreimal am Tag. Ich muss beide noch spritzen, hol schon mal die Bremse aus dem Auto, ‚Trine' tut's ja nicht ohne. Und erinnere mich daran, dass ich euch nachher das Inhaliergerät dalasse. Ich hab es ganz neu bekommen, und ihr könnt gleich ausprobieren, ob es wirklich so viel nützt, wie manche Kollegen behaupten."

Zehn Minuten später waren ‚Trine' und ‚Mirabelle' gespritzt, Heike hatte das elektrische Inhaliergerät samt einer ausführlichen Erklärung erhalten, der Tierarzt wusch sich in der Sattelkammer die Hände und pfiff nach seinem Hund.

Heike trat neben ihm verlegen von einem Fuß auf den anderen und wischte sich völlig unnötigerweise die kurzen braunen Fransen aus der Stirn.

„Würden Sie sich vielleicht noch mal den ‚Blacky' angucken? Wir haben ihn extra im Stall gelassen, weil es in den letzten Tagen so kalt war und geregnet hat. Er hustet wieder ganz schlimm."

„Nichts zu machen", sagte der Tierarzt und schaute ganz schnell in die andere Richtung, „ich hab's eurem Chef schon gesagt. Wenn es so schlimm ist, muss er weg. Ich kann ihm nicht mehr helfen." Dann guckte er Heike doch noch an, so mitleidig, dass es ihr kalt den Rücken runterlief.

„Tut mir Leid. Ich komme Anfang nächster Woche wieder." Klapp, ging die Autotür, und weg war er.

Heike stand immer noch wie angewurzelt in der Sattelkammer. So schlimm war es also? Darum war der Chef so

kurz angebunden gewesen, als sie gestern Abend vorge-
schlagen hatte, ‚BLACKY' ebenfalls dem Tierarzt noch einmal vorzustellen. Und seit wann wusste er es? Sie versuchte,
sich zu erinnern.

Vor vierzehn Tagen ungefähr war Dr. Gräser einmal spät
abends noch gekommen, und der Chef hatte mit ihm allein
die kranken Pferde angeschaut. Keiner von den Lehrlingen
oder Praktikanten war dabei gewesen. Ob der Chef damals
‚BLACKY' noch longiert hatte, damit der Tierarzt ihn abhö-
ren konnte? So spät abends? Ja, so musste es wohl gewesen
sein. Und warum hatte er nichts gesagt?

Nun, wenn sie ganz ehrlich war, hatte er doch etwas
gesagt: „Gebt mir Bescheid, wenn's bei ‚BLACKY' schlimmer
wird."

Das hatten sie alle nicht besonders ernst genommen,
denn ‚BLACKY' hustete seit langem immer mal wieder.
Daran waren sie alle so gewöhnt, dass keiner mehr richtig
hinhörte. Bislang hatte ‚BLACKY' dabei nichts von seiner
Munterkeit eingebüßt, in den letzten Wochen allerdings...

Langsam löste sich Heike aus ihrer Erstarrung, marschierte los und stand in kurzer Zeit vor ‚BLACKYS' Box, ohne
eigentlich zu wissen, wie sie da hingekommen war. Wie auf
Kommando fing der Wallach an zu husten. Einmal, dreimal, siebenmal... Sie gab es auf mitzuzählen.

‚BLACKY' sollte „weg"? Wie alle anderen auf dem Lärchenhof wusste sie ganz genau, was das hieß. Erst vor
wenigen Wochen war ein Unfall passiert, bei dem sich ausgerechnet ein alter, eigentlich ruhiger Wallach das Bein
gebrochen hatte.

Mareike, die für dieses Pferd als Pflegerin verantwortlich
war, hatte mithelfen müssen, das Tier auf den Anhänger

des Pferdemetzgers zu verladen. Mareike hatte noch tagelang geheult und der Chef kein Wort gesprochen – so hatten beide an dem Vorfall zu knacken.

Plötzlich konnte sich Heike wieder ganz genau an das Gesicht ihres Chefs erinnern, als er damals zum Telefon ging, um Herrn Heuberger anzurufen. Mit einem Mal wusste sie, warum er ihnen keine ausführlichen Erklärungen über ‚BLACKY' abgegeben hatte: Er wollte sich zusätzlich zu der Entscheidung nicht auch noch tagelang das Gejammer und Geheule anhören müssen. Wider Willen musste sie grinsen. Er kannte sie doch alle ziemlich gut...

‚BLACKY' war eben nicht irgendein Pferd. Genauer gesagt, war er überhaupt ein Pony, nur knapp mittelgroß, und er gehörte zum unverkäuflichen Inventar. Heike war jetzt die Dienstälteste der Azubis, wie die Auszubildenden für den Beruf des „Pferdewirts für Zucht und Haltung" kurz genannt wurden. Als sie vor drei Jahren gekommen war, lebte ‚BLACKY' schon lange auf dem Lärchenhof. Wie alt er wohl sein mochte? Niemand wusste es ganz genau, aber so an die zwanzig bestimmt.

Die Frau des Chefs hatte ihr einmal ‚BLACKYS' Geschichte erzählt: Er hatte einem Autor gehört, der Bücher für Kinder und Jugendliche geschrieben hatte, vor allem Tierbücher und auch mehrere über Pferde. Das Pony hatte er im Garten seines großen Hauses gehalten, und seine Enkelkinder durften draufreiten. Dann war er älter und krank geworden, hatte sein Haus aufgegeben und sich von ‚BLACKY' trennen müssen.

Irgendwie hatte er den Chef einmal kennen gelernt, und nun erinnerte er sich wieder an diese Bekanntschaft und

bot ‚BLACKY' als Geschenk an – unter der Bedingung, dass er auf dem Lärchenhof sein Gnadenbrot bekommen sollte. Wahrscheinlich hatte der Chef ihm vom therapeutischen Reiten erzählt, das hier durchgeführt wurde. Und tatsächlich war ‚BLACKY' viele Male in der Therapie mitgegangen, für die Kleinen an der Longe und sogar beim Behindertenreiten.

Mit Ausbindezügeln in der Abteilung war er die Zuverlässigkeit selbst. Aber er konnte auch richtig gehen! Sonja, eine der besten Reiterinnen aus der Ponyabteilung, konnte ihn ohne Ausbinder an den Zügel reiten. Der kleine schwarze Kerl ging so gut, dass sie bei der Vorbesprechung für den Herbstferien-Lehrgang überlegt hatten, ‚BLACKY' sogar zusammen mit Großpferden bei der Prüfung für das Reitabzeichen einzusetzen. Außerdem sprang er willig und zuverlässig; im Springen war er das beliebteste aller Ponys. In den nahen Herbstferien sollten wieder regelmäßig Springstunden stattfinden. Ohne ‚BLACKY'.

Heike holte tief Luft. Tränen standen ihr in den Augen, und sie verdrückte sich unauffällig in eine Ecke der Scheune, um erst mal keinem anderen über den Weg zu laufen.

Wer würde es wieder ausbaden müssen? Sie. Als ob es ihr nicht schon genug an die Nieren ginge! Wenn es der Chef bei nächster Gelegenheit verkünden würde, dann konnten die anderen Azubis und Praktikanten ja keinen Widerspruch wagen. Aber sie würde spätestens beim Abendessen den Protest anhören und die Tränen trocknen müssen. Und was würden erst die Ponyreiter sagen und Brigitta, Chefs Nichte, die sich in jeden Ferien von morgens bis abends bei ‚BLACKY' herumtrieb...

Heike schnüffelte in ihr letztes zerfetztes Tempo. Also manchmal, da konnte sie den Job hier verfluchen. Es hatte sich so eingebürgert, dass sie all diese Dinge regeln musste. Klar, sie war die älteste der Mädchen, schon zweiundzwanzig, denn sie hatte vor ihrer Ausbildung zum Pferdewirt schon eine Lehre als Einzelhandelskauffrau abgeschlossen.

Die zusätzliche Verantwortung hatte ihr Spaß gemacht: Sie teilte die täglichen Pflichten mit ein, überwachte die gerechte Verteilung von Urlaub und Freizeit, beaufsichtigte die Haushaltsführung in der gemeinsamen Lehrlingswohnung, lernte die Praktikantinnen an und durfte auch in Pferdeangelegenheiten mitentscheiden.

Aber manchmal fühlte sie sich ganz schön überfordert, so wie gerade jetzt. Als ob sie nicht an ‚BLACKY' hängen würde! Sie erinnerte sich noch ganz genau an den Tag, an dem sie ihn zum ersten Mal durchs Genick reiten konnte. Von da an war es steil bergauf gegangen mit ihrer Reiterei. Klar, inzwischen war sie längst auf andere Pferde umgestiegen, aber sie vergaß nicht, wie viel sie dem kleinen Kerl zu verdanken hatte. Und wenn er mal länger nicht im Gelände gewesen war, dann setzte sie sich auch selber noch drauf. Denn so lieb er in der Abteilung war – draußen blieb er ein Feuerstuhl, den ein schwacher Reiter kaum bändigen konnte.

Sonja natürlich, die wurde mit ihm fertig, oder Brigitta... Wann kam Brigitta überhaupt wieder? Die Chefin hatte unlängst eine Bemerkung gemacht. Was die Kleine sagen würde, wenn ‚BLACKY' plötzlich nicht mehr da wäre? Nicht auszudenken.

Mensch, hätte sie selbst Dr. Gräser bloß nicht gefragt, dann hätte sie wenigstens Ruhe gehabt, bis der Chef sich zu einer Entscheidung durchgerungen hatte.

„Heike, Heike, wo bleibst du denn?", hörte sie die Chefin von draußen rufen. Die Gnadenfrist war vorbei. Sie wischte sich die restlichen Tränen mit dem Ärmel aus den Augenwinkeln und beschloss, das Thema ‚BLACKY' so weit wegzuschieben, wie sie konnte.

Ihren Entschluss konnte sie genau einen halben Tag lang durchhalten. Inga berichtete dem Chef von Dr. Gräsers Besuch, und er fragte ganz plötzlich ohne weitere Umschweife:

„Was macht eigentlich ‚BLACKYS' Husten?"

„Der hustet am schlimmsten von allen, beinahe die ganze Zeit, auch im Stall." Du lieber Himmel, hätte Inga nicht einmal im richtigen Moment ihren Mund halten können? Heike hielt die Luft an, aber es half nichts. „Wieso Stall?", fragte der Chef auch schon.

Nun ja, jetzt würde sie den Kopf hinhalten müssen für ihre Eigenmächtigkeit, den Wallach von der Weide hereingeholt und dem Tierarzt vorgestellt zu haben. Heike zog in Erwartung des kommenden Donnerwetters den Kopf ein, aber es kam nicht; es kam viel schlimmer.

„Wenn das so ist", sagte der Chef, „dann muss ‚BLACKY' weg. In einer Woche fangen Brigittas Ferien an. Ich will nicht, dass sie das miterleben muss. Wenn es ‚BLACKY' wirklich so schlecht geht, muss Herr Heuberger ihn vorher holen. Ich bin übers Wochenende nicht da; Heike, am Montag entscheiden wir die Sache."

Er drehte sich um und ging ins Haus. Die Übrigen stan-

den wie versteinert herum und starrten ihm sprachlos nach.

Das allgemeine Schweigen hielt allerdings nur bis zum gemeinsamen Abendessen in der Lehrlingswohnung vor. Alle bestürmten Heike mit Fragen und Protesten, Ingas sommersprossiges Gesicht unter den rötlichen Locken zeigte deutliche Tränenspuren – es war genauso grässlich, wie Heike es sich ausgemalt hatte. Was sollte sie bloß sagen?

„Seid mal alle still", stieß sie ziemlich scharf hervor, „vom Quasseln macht ihr es auch nicht besser. Ich habe Dr. Gräser noch mal gefragt, und der hat gesagt, er kann nichts mehr machen. Ich glaube, ‚BLACKY' ist dämpfig. Und jetzt tut mir einen Gefallen und haltet die Klappe, bis das Abendessen rum ist."

Diese für Heikes Verhältnisse ungewohnt scharfe Rede half. Der Rest des Abendbrots verlief in demonstrativem Schweigen. Anschließend verzog sich Heike unter die Dusche und mit einem Buch ins Bett. Aber nachdem sie eine Seite dreimal gelesen hatte, ohne sich an den Inhalt erinnern zu können, gab sie es auf.

Dieser verdammte ‚BLACKY'! Und jetzt sollte sie auch noch mitentscheiden. Wenn das Pferd doch bloß schon weg wäre und sie mit der ganzen Sache nichts mehr zu tun hätte!

Aber ‚BLACKY' konnte ja schließlich nichts dafür. Und was sollte sie mit ihm machen? Ihn die ganze Zeit im Stall lassen? Er hustete ja doch fast ununterbrochen. Reiten kam nicht in Frage. Und draußen auf der Weide? Da würde sie ja nicht einmal merken, wie schlecht es ihm ging. Ach verdammt! Konnte man denn wirklich nichts mehr machen?

HABT IHR ‚BLACKY' HUSTEN GEHÖRT?

Als Heike am nächsten Morgen mit dickem Brumm-schädel beim Frühstück erschien, empfing sie – o Wunder – ein fertig gedeckter Tisch und – o zweites Wunder – eine geradezu ohrenbetäubende Stille. Bis auf einige ausgespro-chen höfliche Wortwechsel:

„Würdest du mir bitte mal das Brot reichen?"

„Möchtest du noch etwas Marmelade?", und so weiter wurde nichts gesprochen. Gar nichts.

Allmählich dämmerte es Heike, dass irgendetwas im Busch war. Aber sie ließ sich nichts anmerken; wenn die anderen es ihr nicht sagen wollten – na schön. Und wenn sie es ihr sagen wollten – sie konnte warten.

Inga erbot sich freiwillig, den Frühstückstisch abzuräu-men. Aber da sagte Mareike: „Bleibt bitte noch einen Moment sitzen."

Heike stutzte. Ausgerechnet Mareike, die Kleinste und Stillste von allen, die so empfindlich war und so oft in Trä-nen ausbrach, spielte die Wortführerin?

„Also, Heike", begann sie zaghaft, wurde aber zuneh-mend sicherer, „du warst gestern abend nicht mehr dabei, als wir uns überlegt haben, was wir machen können wegen ‚BLACKY', du weißt schon."

„Und?", unterbrach Heike sie, leicht gereizt. Sie befürch-tete, zu einer fruchtlosen Diskussion mit dem Chef vorge-schickt zu werden.

„Also, ich hab noch mal mit Dr. Gräser telefoniert", sagte Mareike, „gestern Abend."

„Wie bitte?" fuhr Heike auf. „Du weißt doch, dass ich ihn schon gefragt habe. Außerdem hast du doch wohl gehört, was der Chef gesagt hat!"

„Ja, ja", Mareike ließ sich erstaunlicherweise nicht aus der Ruhe bringen. „Keine Angst, der Doktor schickt keine Rechnung deswegen. Aber du hast uns ja auch keine genaue Diagnose gesagt."

„Diagnose!", Heike holte tief Luft. „Es ist halt chronischer Husten! Was willst du denn noch hören? Und deswegen störst du den Mann am späten Freitagabend?"

Mareikes blasses Gesicht färbte sich dunkelrot, aber sie redete entschlossen weiter. „Dr. Gräser war überhaupt nicht sauer, und er hat mir eine Menge Sachen gesagt. ‚BLACKY' hat chronischen Husten, die Lungen sind beiderseits angegriffen. Er kann nicht wieder gesund werden. Aber der Tierarzt meinte, unbedingt schlachten müssten wir ihn erst, wenn ihm jeder Atemzug schwer fiele – und das würden wir sehr genau merken."

Heike wunderte sich, wie ruhig Mareike das Wort „schlachten" über die Lippen brachte, aber da fuhr die Kleine auch schon fort:

„Wir können es mit dem Inhaliergerät versuchen, das kostet schließlich nur ganz wenig Strom. ‚BLACKY' soll möglichst viel an die frische Luft, aber nicht bei Dauerregen oder wenn es sehr zieht. Er muss eine Außenbox haben – seine Box in der Scheune ist Gift für ihn. Und er darf nicht auf Stroh stehen, am besten wären Hobelspäne. Alles Heu muss in einer Salzlösung eingeweicht werden; am Telefon liegt ein Zettel, da habe ich aufgeschrieben, wie viel Salz auf wie viel Liter Wasser.

Ja, und leicht bewegen können wir ‚BLACKY' auch, aber nicht in der Halle oder in der Bahn, weil es da staubt, sondern am besten im Gelände. Der Tierarzt meint, es könnte vielleicht doch noch wieder etwas besser werden mit

‚Blacky'. Wir finden", – Mareike schaute in die Runde und dann Heike direkt an – „wir sollten es versuchen."

Heikes Überraschung war aufsteigendem Ärger gewichen. Wie hatten sich die anderen das bloß vorgestellt? Woher die Außenbox nehmen, wie die Hobelspäne beschaffen, worin das Heu einweichen, wann inhalieren, wer sollte ‚Blacky' wettergerecht auf die Weide bringen und wieder reinholen? Sie schafften ja das übrige Pensum kaum, und jetzt kam noch das tägliche Inhalieren der Hustenpferde hinzu. Da musste immer jemand eine halbe Stunde lang neben einem Pferd stehen bleiben und das zweimal am Tag

„Und wie wollt ihr das schaffen?", fragte sie. Sie hatte absichtlich nicht gesagt „wir". Nein, das war verrückt, das war einfach nicht möglich, und der Tierarzt hatte ‚Blacky' schon aufgegeben. Die anderen mussten eben lernen, den Tatsachen ins Auge zu sehen. Schließlich gehörte auch das zu dem Beruf, den sie lernen wollten.

Aber plötzlich mischte sich Inga ein: „Im Keller ist noch der schwarze Zementbottich, den wir im Sommer als Tränke für die Hausweide benutzt haben. Da könnten wir das Heu drin einweichen. Und in der Kiste in der Ponysattelkammer sind zwei alte Heunetze. Wir könnten das Heu gleich reinfüllen und dann abtropfen lassen."

„Ich fahr gleich mal mit dem Fahrrad rüber zum Sägewerk und frage nach Hobelspänen. Ich kenne einen, der da arbeitet, vielleicht kann ich was organisieren", mischte sich plötzlich der große Paul ein – eine kleine Sensation, denn zwei zusammenhängende Sätze in dieser Länge hörte man höchst selten von ihm.

Bevor Heike etwas sagen konnte, ergriff Mareike wieder das Wort:

„Ich fang morgens eine halbe Stunde früher an, da kann ich ‚BLACKY' inhalieren und in der Mittagspause auch."

„Nein, das kann ich doch abends nach dem Stalldienst noch machen!"

„Und, und, und..."

Jetzt redeten alle lebhaft durcheinander und machten mögliche und unmögliche Vorschläge für die Unterbringung, Betreuung und Bewegung von ‚BLACKY'.

Heike dröhnte der Kopf. Waren sich die anderen wirklich darüber klar, worauf sie sich einlassen wollten? Das waren doch Hirngespinste! Das war nicht zu schaffen und außerdem – was sollte es bringen? Hinterher war der Abschied von ‚BLACKY' umso schlimmer. Konnte man denn die Sache nicht ein für alle Mal hinter sich bringen, wenn es schon sein musste?

„Hat einer von euch gestern ‚BLACKY' mal husten gehört?", fragte sie spitz in die Runde. „Nein? Ich aber! Ich sage euch eins: Wenn der Chef mich am Montag früh fragt, ob er Herrn Heuberger anrufen soll, dann sage ich ja."

Wie vom Donner gerührt saßen alle auf ihren Stühlen. Keiner sagte etwas, bis schließlich Mareike bleich, aber gefasst hervorpresste:

„Also, wenn das so ist, wenn du nicht mitmachst, dann machen wir es eben ohne dich. Der Chef ist übers Wochenende weg, bis Montag muss alles so weit fertig sein. Wenn er sieht, dass wir es ernst meinen, gibt er uns bestimmt noch eine Chance."

Wie verabredet standen alle miteinander auf und gingen nach draußen. Keiner richtete mehr das Wort an Heike. Sie blieb verdattert zurück. Die anderen machten Front gegen sie und ausgerechnet Mareike! Das war nun der Dank dafür, dass sie sich immer für alle Übrigen eingesetzt hatte, wegen jeder Problemchen zum Chef vorgeschickt wurde. Dafür war sie gut genug. Und jetzt hatten die anderen sie einfach in die Ecke gestellt.

Automatisch stand sie auf, um nach draußen zu gehen. Als sie im Eingang die unvermeidlichen Gummistiefel anziehen wollte, fiel es ihr plötzlich wieder ein: Sie hatte ein freies Wochenende; etwas, das nur alle Jubeljahre einmal vorkam und ausgerechnet heute!

Sie hatte sich vorgenommen, erst ihr Zimmer und dann ihr Berichtsheft (die Prüfung nahte!) in Ordnung zu bringen, hatte ihren Kurzhaarschnitt in dem neu eröffneten Friseursalon in neue Form bringen lassen und sich eine dringend benötigte Jeans kaufen wollen. Außerdem hatte sie beim letzten gründlichen Bahndienst leichtfertig das Versprechen abgegeben, für die ganze Belegschaft den ersten Hefekuchen ihres Lebens zu backen. Diese Zusage galt es einzulösen, sogar das Rezept hatte sie schon rausgesucht.

Die Erinnerung daran gab den Ausschlag. Heike zog sich in Windeseile um, schmiss die Stallsachen in eine Zimmerecke – das Aufräumen wurde eh vertagt – , schnappte ihr Berichtsheft und verschwand Richtung Bus. Ihre Mutter würde sie mit offenen Armen empfangen (was ihr gelegentlich so auf die Nerven ging, dass sie von dem freien Wochenende zu Hause nichts erzählt hatte). Naja, eine kleine Notlüge war wohl erlaubt. Und jetzt hier rumzusit-

zen und zuzugucken, wie die anderen sich um ‚Blacky‘ bemühten, das war wirklich zu viel verlangt.

Wir können's versuchen

Als Heike am Sonntagabend zurückkam, war es schon dunkel. Durch das große Fenster sah sie von draußen die übrige Belegschaft im gemeinsamen Wohnzimmer sitzen. Sie warf ihren Vorsatz, sich nicht weiter um die Sache zu kümmern, sofort über den Haufen.

Ohne Licht zu machen, steuerte sie die Scheune an und registrierte sofort, dass ‚Blacky‘ nicht an seinem gewohnten Platz stand. In seiner Box türmten sich statt dessen Heu und Stroh und davor standen Fertigfuttersäcke, mit Presskordeln zugebunden. Einer war offen, und Heike fühlte den Inhalt mehr, als dass sie ihn sah: Hobelspäne.

Ob das was gekostet hatte? Sie würde sich natürlich lieber auf die Lippen beißen, als danach zu fragen.

Durch den Hinterausgang verließ sie die Scheune und hörte plötzlich von links ein leises Schnauben. Dort lag die Pony-Abfohlbox, die jetzt nicht gebraucht wurde und normalerweise als große Vorratskammer diente. Im Näherkommen erkannte Heike, dass die große Außentür der Box geteilt war und die obere Hälfte offen stand. So war das Problem der Außenbox fürs erste genial gelöst.

Im Licht, das durch das Wohnzimmerfenster schien, sah sie, dass die Knaben (oder wer sonst?) es tatsächlich geschafft haben mussten, die für die Teilung der Tür notwendigen zusätzlichen zwei Türangeln einzusetzen. Auf die beiden Halbtüren hatten sie sogar Querlatten aufgenagelt, um die nötige Stabilität zu sichern.

Nicht möglich! Diese Bande, die sonst keinen Nagel in

die Wand schlagen konnte! Heike schlich sich ungesehen von den anderen über den Flur in ihr Zimmer und beschloss, während die Gedanken in ihrem Kopf kreisten, wenigstens das Chaos um sie herum zu verringern.

Beim Frühstalldienst wurde, wie üblich, nur das Nötigste gesprochen. Heike hütete sich, zu ‚BLACKYS' neuer Unterbringung einen Kommentar abzugeben. Im Tageslicht sah sie vor der Box den schwarzen Zementbottich stehen; an der Wand darüber war ein neuer Haken angebracht, an dem ein Heunetz zum Abtropfen hing. Mareike kam gerade mit dem Inhaliergerät aus ‚BLACKYS' Box, sie musste eigens eine halbe Stunde früher aufgestanden sein.

Kurz vor acht sah Heike Mareike in Richtung auf das Wohnhaus des Chefs losmarschieren. So kurz vor dem Frühstück, das wusste jeder, konnte man den Chef manchmal allein und in Ruhe in seinem Arbeitszimmer antreffen...

Alle kauten schon längst ihre Brötchen, als Mareike zurückkam. Vor Aufregung hatte sie ganz rote Flecken im Gesicht, sie keuchte, und beim Rennen waren ihre halblangen, widerspenstigen rotblonden Locken vollends durcheinander geraten. Man konnte sie mal wieder viel eher auf dreizehn als auf sechzehn Jahre schätzen.

„Der Chef hat gesagt, wir können's versuchen", brachte sie hervor. „Er will bloß auf keinen Fall, dass ‚BLACKY' weg muss, wenn Brigitta gerade da ist, deswegen will er ihn sich nachher selbst noch mal angucken. Wenn es nächste Woche nicht schlimmer wird, kann er über die Herbstferien bleiben. Danach wird man sehen."

Ringsum gab es erleichterte Gesichter. Einzig Paul hatte noch Sorgenfalten auf der Stirn: „Hat er wegen der Tür geschimpft?"

„Naja, nicht direkt", beruhigte Mareike ihn, „er hat nur gefragt, wie wir das fertig gebracht haben. Aber dann hat er noch gesagt, er gibt ‚BLACKY' zwar eine Gnadenfrist, aber es darf nichts kosten. Die neuen Türangeln für die Außenbox wären seine letzte Investition. Er könnte es sich einfach nicht leisten, sein Geld in unbrauchbare Pferde zu stecken."

„‚BLACKY' ist doch nicht unbrauchbar!", begehrte Inga auf.

„Ich weiß nicht", murmelte Mareike halblaut, „aus seiner Sicht vielleicht doch. Er kann beim Ponyreiten nicht mehr mitgehen und nicht in der Therapie, und die neuen Praktikantinnen können auch nicht mehr auf ihm reiten lernen..."

Der große Paul brach das anschließende Schweigen, indem er sich schwerfällig erhob:

„Ich füll jetzt schon mal Mist in die Säcke, die mir der Besitzer vom Sägewerk mitgegeben hat. Er will heute Nachmittag kommen und den Mist für seinen Garten abholen. Ich hab ihm versprochen, heute Abend beim Umgraben zu helfen, ihr wisst schon, wegen des Sägemehls."

Heike staunte. Mist und Umgraben im Tausch gegen die Hobelspäne – ob Paul diesen Handel wirklich allein perfekt gemacht hatte? Er kriegte ja sonst Fremden gegenüber die Zähne nicht auseinander.

„Die Heunetze sind kaputt", wandte sich jetzt Mareike an die Runde. „Wir hatten doch im Frühjahr Strohballen mit Plastikschnüren‘, die wären zum Reparieren besser als

Presskordel. Haben wir davon vielleicht irgendwo was aufgehoben?"

„Frag doch die Ponykinder, die haben damit immer Halfter geflochten", meinte Inga und stand auf. „Ich muss mich beeilen, ich will ‚BLACKY' jetzt gleich vor der Therapie rausbringen." Auch die anderen rückten an ihren Stühlen. Zu ihrer Wut sah sich Heike mit dem Abräumen des Küchentisches allein.

Die anderen sollten bloß nicht glauben, dass sie den ganzen Haushalt allein schmeißen würde, damit alle Übrigen Zeit für ‚BLACKY' hätten.

„He, wer hat denn eigentlich heute Küchendienst?", schrie sie hinterher. Inga erschrak.

„Ach du liebe Zeit! Dann schaffe ich es aber nicht mehr, ‚BLACKY' rauszubringen. Paul, schnell, lass den Mist und bring ‚BLACKY' auf die Weide!"

„Ist schon gut", sagte Paul ergeben. „Aber dann werde ich mit dem Mist bestimmt nicht allein fertig."

„Auch das noch!", stöhnte Inga halblaut. Laut aber rief sie: „Ich helf dir in der Mittagspause!" und zu Heike gewandt: „Lass ruhig, ich mach das schon. Heute Mittag soll's Spaghettis geben, haben wir 'ne Dose Schältomaten für die Soße? Die könnte ich ja schon fertig machen, dann geht's nachher schneller."

Heike kam aus dem Staunen gar nicht mehr heraus. So kooperativ zu sein, war sonst nicht gerade Ingas Stärke. Erst wollte sie schon vorkochen und dann noch ausgerechnet dem großen Paul, dessen langsame Gutmütigkeit die Mädchen sonst weidlich auszunutzen pflegten, in ihrer freien Mittagspause beim Mistladen helfen? Das wollte sie erst sehen.

Sie sah es tatsächlich. Die beiden standen, nach einem ausnahmsweise pünktlichen Mittagessen, einträchtig auf dem Misthaufen und luden eine nicht enden wollende Serie großer blauer Müllsäcke voll.

BIST DU DENN VERRÜCKT GEWORDEN?

Mareike war in dieser Woche mit dem Unterricht für die Ponyreiter dran. Heike selbst sollte ein junges Pferd longieren und konnte nur aus der Ferne beobachten, dass Mareike mit den jungen Reitern – in der Hauptsache waren es ja Reiterinnen – einen Kriegsrat abhielt.

Jetzt zieht sie tatsächlich die Kinder mit rein, dachte Heike wütend. Tränen brannten ihr in den Augen. Dann bin ich wohl der Buhmann, der will, dass ,BLACKY' zum Schlachter kommt. Aber die werden merken, dass sie sich was Unmögliches aufgeladen haben.

Mit diesem schwachen Trost ging sie an die Arbeit und longierte das junge Pferd so schlecht wie noch nie. Der Chef, der zwischendurch mal den Kopf zur Hallentür reinsteckte, um einen kritischen Blick auf seine hoffnungsvolle Nachzucht zu werfen, verpasste ihr einen ernsten und leider verdienten Rüffel. Ein Glück nur, dass sie anschließend als Begleitung für Joachim, einen Reitschüler, ins Gelände reiten durfte. Selten hatte Heike so sehnlichst darauf gewartet, wenigstens eine kurze Distanz zwischen sich und den Lärchenhof legen zu können.

Aber auf einen unbeschwerten Ausritt hatte sie sich zu früh gefreut. Als sie nach einem längeren Trabstück mit Joachim einen kleinen Galopp bis zum Waldrand wagte, hörte sie plötzlich hinter sich ein Trappeln, Schnauben, Keuchen und schließlich rasselnden, dröhnenden Husten.

Das alles hinderte ‚BLACKY' freilich nicht daran, wie ein geölter Blitz an ihnen vorbeizusausen und sich triumphierend an die Spitze der kleinen Abteilung zu setzen. Da erst gelang es Nora, einer zierlichen Ponyreiterin, den schweißtriefenden ‚BLACKY' durchzuparieren.

Heike sah rot.

„Bist du verrückt geworden?", brüllte sie Nora an. „Was soll denn das heißen, mit dem kranken Pony hier Wettrennen zu veranstalten? Willst du ihn gleich umbringen? Du bist ja wohl nicht mehr ganz bei Trost!"

Nora brach bei diesem Anschnauzer in lautes Schluchzen aus, und Heike bemerkte, dass sowieso schon deutliche Tränenspuren auf ihrem Gesicht zu sehen waren.

„Es... es tut mir leid", stammelte sie. „Ich wollte ihn bloß im Schritt bewegen. Aber er hat euch gesehen und ist einfach losgesaust. Ich konnte ihn nicht mehr halten."

Heike wusste sofort, dass Nora die reine Wahrheit sprach. ‚BLACKY' war im Gelände sehr heftig, und Nora ritt zwar geschickt, hatte aber nicht gerade die stärkste Einwirkung. Sie biss sich auf die Lippen. Ein heulendes Kind dermaßen anzuschnauzen! Was war bloß mir ihr los?

Hätte diese verflixte Mareike nicht irgendjemand anderen auf ‚BLACKY' setzen können? Dabei war Nora doch keine Anfängerin mehr. Wenn sie ganz ehrlich sein sollte: Sie hätte das Gespann wahrscheinlich auch mit gutem Gewissen allein ins Gelände geschickt.

„Ist schon gut", sagte sie laut. „Komm, wir begleiten dich nach Hause, da kannst du vor ‚BLACKYS' Einfällen sicher sein." Und mit einem Seitenblick auf die immer noch rinnenden Tränen fügte sie tröstend hinzu: „Weißt du, mir ist er auch schon im Gelände abgehauen..."

So kam es, dass Heike und Joachim mit ihren Großpferden den schwer keuchenden und immer wieder hustend stehen bleibenden ‚BLACKY' einrahmten und geschlossen wieder auf dem Lärchenhof einritten.

Mareike erwartete sie schreckensstarr. Es war ihr nicht schwer gefallen zu erraten, was unterwegs vorgefallen war. Heike verspürte mit einem Mal nicht die geringste Lust, den erwarteten Kommentar abzugeben.

„Wir haben Nora unterwegs leider etwas in Schwierigkeiten gebracht", sagte sie kurz, verschwand mit ihrem Pferd Richtung Stall und versagte es sich streng, einen Blick auf das deutlich erleichterte Gesicht von Mareike zu werfen.

Heike erneuerte insgeheim ihren Entschluss: Sie würde über das Thema „Blacky" und alles, was damit zusammenhing, freiwillig kein Wort mehr verlieren. Erstens war Mareike durch den erbärmlichen Zustand von ‚BLACKY' gestraft genug. Und zweitens – wenn die anderen sie nicht dabeihaben wollten, war das ihre Sache. Von nun an würde sie sich völlig raushalten; der erste Tag hatte ja immerhin ihre Prophezeiungen der auftretenden Schwierigkeiten bei weitem übertroffen.

Der Rest der Woche verlief in Sachen ‚BLACKY' nicht gerade reibungslos, aber ohne Katastrophen. Das Wetter wurde freundlich, ‚BLACKY' blieb den ganzen Tag auf der Weide und wurde überhaupt nicht geritten. Mareike stand morgens eisern früher auf; zwar hatte sie dunkle Ringe unter den Augen, aber sie ließ sich das Inhalieren von ‚BLACKY' nicht nehmen.

Inga opferte abendliche Freizeit für ein zweites tägliches Inhalieren, und die Ponykinder holten ‚BLACKY' vor dem Abendstalldienst selbstständig von der Weide. Paul sorgte

109

für Nachschub an Hobelspänen – nicht ohne fürchterlich über seinen Muskelkater vom Umgraben zu klagen – und die neue Praktikantin Anne weichte regelmäßig das Heu ein.

Nur das morgendliche Herausbringen von ‚Blacky' verursachte mehrfach gereizte Stimmung, weil dafür immer erst in der Frühstückspause, später aber gar keine Zeit mehr blieb (sodass der, den es traf, sein Brötchen unterwegs herunterschlingen musste). Aber weitere Katastrophen blieben aus. Es schien, wenn auch mühsam, zu gehen.

Sonnentage, Regentage

Freitag war der letzte Schultag vor den Herbstferien, und pünktlich mit dem letzten abendlichen Bus traf Brigitta ein. Am nächsten Morgen um sieben stand sie, fröhlich wie immer, zum Stalldienst auf der Matte. Heike winkte ihr im Vorbeigehen nur zu und sah, wie Brigitta im Ponystall verschwand. Es versetzte ihr einen leisen Stich.

Was würden die anderen Brigitta wohl erzählen? Sie hatte immer einen besonders guten Draht zu Chefs Nichte gehabt, und diese hatte sich revanchiert, indem sie Heike als bewunderte Autorität in allen Pferde- und Ponyangelegenheiten respektierte. Heike hatte die begabte kleine Reiterin mit den langen dunklen Haaren und den lustigen braunen Augen sehr ins Herz geschlossen.

Da stürmte Brigitta auch schon auf Heike zu. „Sag mal, die anderen haben mir gerade Horrorgeschichten über ‚Blacky' erzählt – was ist denn wirklich mit ihm los?" Heike errötete leicht.

„Du, es stimmt. Mit ‚Blacky' steht es schlecht. Aber du siehst ja, wir lassen nichts unversucht. Wenn du uns helfen willst – kümmere dich um ihn!"

„Wenn das so ist – ", Brigittas übermütige Augen wurden ganz ernst, – „könnt ihr auf mich zählen." Und damit war sie auch schon in Richtung auf ‚BLACKYS' Box abgedampft. Heike stieß einen Seufzer der Erleichterung aus. Mareike hatte Brigitta also nicht in ihren Streit um ‚BLACKY' mit hineingezogen. Das war eigentlich anständig von ihr. Heike nahm sich vor, einen Beweis ihrer Dankbarkeit anzutreten. Damit kam sie allerdings nicht weit. Als sie am Abend Mareike anbot, am nächsten Morgen das Inhalieren von ‚BLACKY' zu übernehmen, erntete sie eine kühle Abfuhr.

„Du willst wegen ‚BLACKY' früher aufstehen? Das ist nicht nötig. Brigitta kümmert sich schon um ihn."

Heike biss sich auf die Lippen und schwor sich, keinen Vorstoß dieser Art mehr zu unternehmen. Es bot sich auch keinerlei Gelegenheit dazu.

Brigitta kümmerte sich von morgens bis abends um ‚BLACKY', umsorgte und pflegte ihn, bürstete ausgiebig an ihm herum, stand ewig mit dem Inhaliergerät neben ihm, hielt die Box blitzsauber und bummelte mit ihm im Schritt durchs Gelände. Jedem berichtete sie stolz davon, wie wenig ‚BLACKY' nur noch husten würde.

Tatsächlich: Es sah so aus, als ob es ‚BLACKY' wieder besser ginge. Der Streit um Herrn Heuberger war in weite Ferne gerückt.

Als sich Brigitta nach einer Woche mit einer kleinen Träne im Augenwinkel verabschiedete, fing es an zu regnen. Der erste Wolkenbruch ging in einen soliden Landregen über, der Himmel zeigte ein gleichmäßiges Dunkelgrau ohne jeden blauen Hoffnungsschimmer, und das Barometer fiel. Am nächsten Tag kam ein kalter Wind auf, und es war noch kein Ende des Regens abzusehen.

Der Reitplatz stand unter Wasser, auf den Koppeln bildeten sich große Pfützen. Der Chef ordnete an, kein Pferd mehr auf die nahe gelegenen Weiden zu lassen, damit die Grasnarbe nicht völlig zertreten würde.

„Wenn das so weiterregnet, müssen wir die Stuten mit den Fohlen reinholen", überlegte er laut. „Die Dreijährigen kommen dann auf die große Weide mit der Schutzhütte."

„Ach du liebe Güte!" Heike wusste, was das bedeutete. Zunächst mal Arbeit und noch mal Arbeit, und außerdem kosteten die Pferde natürlich mehr, wenn sie im Stall gefüttert werden mussten.

Im vorigen, trockenen und warmen Herbst hatten sie die Stuten mit ihren Fohlen bis Ende November Tag und Nacht draußen gelassen. Dann wurden die Fohlen abgesetzt und gleich zusammen in den großen Laufstall gebracht; das war die einfachste Lösung.

In diesem Jahr mussten sie die Stuten mit ihren Fohlen wieder in Boxen unterbringen, denn an ein Absetzen der drei erst im Juni geborenen Fohlen war natürlich noch nicht zu denken, und das vierte Saugfohlen konnte ohne Gefährten auch nicht allein bleiben.

Heike rotierte im Geist wie ein Kreisel. Die Boxen im Stutenstall waren keineswegs bezugsfertig. Sie mussten gründlich ausgemistet, desinfiziert und frisch gestrichen werden – in Sachen Hygiene im Pferdestall duldete der Chef keine Nachlässigkeit, wenn es um seine wertvollen Mutterstuten ging.

Eigentlich hätte das alles natürlich längst passiert sein sollen. Aber erst hatten die Schwalben zum zweiten Mal gebrütet und durften nicht gestört werden, dann war die

Heu- und Strohernte gekommen, und zuletzt waren die Boxen eben in Vergessenheit geraten.

Was jetzt? Der Tag könnte 24 Stunden haben, und dann bräuchte man noch die Nacht dazu... Außerdem drückte das Wetter auf die Stimmung, und dann passierte eine Panne nach der anderen.

Mareike kam am nächsten Morgen mit verschlafenem Gesicht zum Stalldienst und ließ die Frühstückspause ausfallen, um ‚BLACKY' noch inhalieren zu können. Sie kam erst an den Tisch, als alle anderen schon fertig waren. Inga schob ihr zwar eine Tasse Tee und ein Brötchen hin, aber keiner dachte daran, ihr die Anweisung des Chefs weiterzusagen.

Er hatte vor einer Viertelstunde den Kopf zur Tür hereingestreckt und für den frühen Nachmittag den gemeinsamen Aufbruch zu einer weiter entfernt liegenden Weide angeordnet, um die Dreijährigen umzustellen. Dazu wurden alle verfügbaren Kräfte gebraucht.

So fehlte Mareike im entscheidenden Augenblick, als der Chef zur Weide aufbrechen wollte.

„Wo bleibt denn Mareike bloß, um alles in der Welt?", fragte der Chef gereizt, und dann sah er sie auch schon unter einem riesigen Regencape auf ‚BLACKY' um die Ecke biegen. Heike holte tief Luft, um sich auf das kommende Donnerwetter gefasst zu machen – dass es nicht sie selbst traf, war plötzlich kein Trost mehr.

Mareike hatte wieder Tränen in den Augen, und Herr Heuberger schien drohend aus seiner Versenkung aufzutauchen. ‚BLACKYS' Husten wurde mit einem Mal wieder viel schlimmer. An Weidegang war bei dem Wetter nicht zu

denken, und zum Ausreiten fehlte allen die Zeit. Aber man konnte ‚BLACKY' doch nicht einfach tagelang im Stall stehen lassen!

Wieder war es Mareike, die einen Entschluss fasste: Sie versuchte, ‚BLACKY' ganz vorsichtig beim Ponyreiten in der Halle einzusetzen. Beim ersten Antraben in der leicht staubigen Halle – wer hätte auch in den letzten Tagen Zeit gehabt, den Boden zu sprengen? – fing ‚BLACKY' an zu husten und hörte überhaupt nicht mehr auf.

Gerade in diesem Moment kam der Chef in Begleitung einer stark geschminkten Frau mit zwei größeren Kindern herein – Kundschaft, wie Mareike sofort ahnte.

„Das arme Pferdchen! Was hat es denn?", hörte Mareike die Frau den Chef fragen, und der zischte ihr zwischen den Zähnen zu: „Raus! Ich will dieses Tier in der Halle nicht wieder sehen!" Mareike zerrte den hustenden ‚BLACKY', so schnell sie konnte, aus der Halle.

Heike, die gerade mit dem Streichen der Boxen angefangen hatte, sah die tränenüberströmte Mareike aus der Halle kommen. Nach zehn Minuten war sie immer noch nicht wieder aufgetaucht. Heike war einem Wutausbruch nahe, aber sie flitzte erst einmal in die Halle, um sich der Ponyreiter anzunehmen. Unauffällig übernahm sie die Abteilung, während sie sich ratlos fragte, was wohl vorgefallen war – und wer jetzt die Boxen zu Ende streichen würde.

Um halb zehn Uhr an diesem Abend waren die Stutenboxen fertig und die gesamte Mannschaft auch. Heike hatte das Gefühl, völlig am Ende zu sein, aber ein Blick auf

die anderen veranlasste sie, aufzustehen und den Abend-
brottisch zu decken. Wurst und Käse blieben allerdings in
den Dosen, in denen sie im Kühlschrank aufbewahrt wurden; zu einem überflüssigen Handgriff hatte keiner mehr
die geringste Lust.

Plötzlich sah Inga auf. „Ich muss noch mal raus,
‚Blacky' inhalieren", sagte sie mit schleppender Stimme.
Man sah ihr an, dass sie zum Umfallen müde war.

„Lass es doch", antwortete Mareike ihr kaum hörbar, „es
hat doch alles keinen Zweck."

„Was sagst du da?" Der große Paul schob seinen Ober-
körper auf Mareike zu, sodass er fast auf dem Tisch lag.
„Und wofür haben wir die ganze Zeit geschuftet?"

„Du weißt ja nicht, was der Chef gesagt hat", flüsterte
Mareike, und schon wieder liefen die Tränen.

„Gemein!" Inga biss sich auf die Lippen. „Aber wir geben
nicht auf. Hörst du, Mareike?"

„Aber wie denn?" Mareike versuchte, ihr unter Tränen
zuzulächeln. „Wie denn? Du siehst doch, wir schaffen es
einfach nicht."

Ein Abend mit Folgen

Es wurde, aller Müdigkeit zum Trotz, doch noch ein lan-
ger Abend. Heike saß diesmal dabei, äußerte sich nur
wenig und geriet immer mehr ins Staunen. Was die anderen da zustande brachten, war eine Manöverkritik, wie sie
besser nicht sein konnte.

Mareike machte den Vorschlag, dass sie sich künftig
jeden Abend zu einer gemeinsamen Besprechung über alles
Vorgefallene und die Pläne für den nächsten Tag
zusammensetzen sollten. Aber nicht nur labern! Man

müsste alle Arbeitsabläufe genau besprechen und gemeinsam überlegen, wie man die Arbeit verbessern und erleichtern könnte.

„Wir müssen uns gegenseitig noch besser Bescheid sagen!"

„...und helfen!"

Heike sah mit großen Augen in die Runde. Waren das noch die gleichen kleinen Zankteufel, die sich wegen jeder Kleinigkeit bei ihr beschwert hatten, die jede Minute Freizeit eisern verteidigten, die bei der geringsten Kritik hochgingen? Die ganze Belegschaft diskutierte wie eine verschworene Clique. Zeitpläne wurden aufgestellt und verworfen, Arbeitsabläufe diskutiert, Verbesserungsvorschläge angebracht, Ideen durchgespielt.

Obwohl keiner ausgeschlafen war, lief der Stalldienst am nächsten Morgen wie geschmiert. Noch nie war der Umgangston so freundlich gewesen. Heike hatte Küchendienst und sah vom Fenster aus, wie Mareike den Rest des letzten Päckchens Salz in das Wasser zum Heueinweichen vor ‚BLACKYS' Box schüttete. Sie schrieb „Salz" auf ihren Einkaufszettel und zog nachher, als es ans Bezahlen ging, nicht die Gemeinschaftskasse heraus, sondern ihr eigenes Portemonnaie.

Das kostete zwar nicht viel, aber Heike war – zum ersten Mal seit längerer Zeit – mit sich zufrieden. Sie schmuggelte das Salz in die Speisekammer, und als Mareike beim Frühstück mit gerunzelter Stirn sagte: „Wir müssen unbedingt heute noch Salz für ‚BLACKY' kaufen", wies Heike lässig auf die Speisekammer: „Da sind noch ein paar Päckchen drin, die kannst du nehmen."

Am nächsten Tag sah Heike zur Zeit der Ponyreitstunde – heute war das äußerst beliebte Springtraining dran – Sonja auf ‚BLACKY' ins Gelände reiten.

„Ausgerechnet Sonja!", dachte Heike. „Das hätte ich von ihr nicht erwartet. Sie verzichtet sogar aufs Springen ..." Denn Sonja musste immer sehr viel für die Schule lernen, und ihre Eltern erlaubten ihr unter der Woche höchstens zwei Stunden Zeit am Tag für die Pferde.

Heike stürzte in den Stall und machte sich ‚TRINE' fertig.

„Lasst die Sprünge noch stehen!", rief sie Mareike in der Halle zu. „Und wenn Sonja zurückkommt, dann nehmt ihr ‚BLACKY' gleich ab!"

Mareike hatte schon verstanden. Gerade als ‚TRINE' ihren ersten Übermut ausgetobt hatte und manierlich über alle Sprünge gegangen war, erschien Sonja strahlend in der Hallentür. Einmal ‚TRINE' springen zu dürfen...

Heike war, zum zweiten Mal in kurzer Zeit, mit sich sehr zufrieden.

Mit den anderen auch. In den nächsten Tagen lief der Laden wie am Schnürchen. Die abendlichen Besprechungen, von denen auch der Chef Wind bekam und zu denen er sich gern für ein paar Minuten dazusetzte, wirkten Wunder. Alle wussten besser Bescheid, auftretende Pannen wurden ehrlich besprochen. Keine gereizte Stimmung mehr, kein geheimes Grollen. Allen schien die Arbeit wieder Spaß zu machen.

Der Regen hörte allmählich auf, die Luft wurde trocken, und mit dem Wetterumschwung ging es auch ‚BLACKY' allmählich wieder besser. Anstrengend war das Tagespensum freilich noch immer, und manchmal zweifelte Heike daran,

ob sie diese Arbeitsbelastung durchhalten könnten. Der Chef sparte nicht mit Lob für das neue Arbeitsklima in seiner Mannschaft.

Allerdings – seit dem Vorfall mit dem hustenden ‚BLACKY' in der Halle war er auf den kleinen Kerl schlecht zu sprechen; dabei hatte die Frau eines der teuersten Pferde, den Wallach Alcan, gekauft.

Als Mareike den Vorstoß unternahm, um eine dringend nötige neue Sattelunterdecke für ‚BLACKY' zu bitten, antwortete der Chef kategorisch: „Ich investiere keinen Pfennig mehr in das Pferd, und bei diesem Wort bleibe ich."

BLACKY MUSS ZUM SCHMIED

Die nächsten zehn Tage lang schien alles glatt zu gehen. Nur Heike registrierte, wie müde und erschöpft alle waren. Ausnahmsweise ergriff Paul bei der abendlichen Abschlussbesprechung als erster das Wort.

„‚BLACKY' muss zum Schmied", sagte er. „Er hat heute ein Eisen verloren."

Inga fuhr auf: „Wo denn? Habt ihr nicht danach gesucht?"

Mareike winkte ab. „Es hat sowieso keinen Zweck. ‚BLACKY' ist seit drei Monaten nicht beschlagen worden. Die Eisen stammen noch vom vorigen Beschlag und sind total abgelaufen. Das andere Vordereisen ist schon durchgebrochen."

„Morgen kommt doch der Schmied", beharrte Paul überflüssigerweise. Mareike wurde heftig.

„Du Blitzmerker! Kapierst du denn nicht? Der Chef zahlt keinen Pfennig mehr für ‚BLACKY'. Weißt du, was ein Rundumbeschlag mit neuen Eisen und Stollen, wie du sie hier

im Gelände brauchst, kostet? Ich kann es dir genau sagen: Mit Fahrtkostenanteil 150 Mark. Fein, was? Willst du das vielleicht alle acht Wochen von deinem Taschengeld bezahlen?"

„Aber wenn ,BLACKY' keinen vernünftigen Beschlag hat, kann er nicht mehr ins Gelände, wo er sowieso so schlechte Hufe hat", ereiferte sich Inga, „und in der Halle können wir ihn auch nicht gehen lassen."

„Eben!" Mareike stand ganz ruhig auf und ging zur Tür. „Wir können es aufgeben."

Alle schauten hinter ihr her, als hätte sie die Tür hinter sich zugeknallt, aber sie hatte sie nur ganz leise und vorsichtig zugezogen. Inga, die vorlaute Inga, fing an zu schniefen, und Heike sah ringsum in eine Runde verzweifelter Gesichter.

Sie verließ den Raum. Ohne darüber nachzudenken, hatte sie den Weg zum Wohnhaus des Chefs eingeschlagen. Ihre Gedanken drehten sich im Kreis.

Das konnte doch nicht wahr sein! So konnte die ganze ,BLACKY'-Geschichte doch nicht zu Ende gehen! Das war einfach verdammt ungerecht. Der Chef wusste wohl gar nicht, wie viel er ,BLACKY' zu verdanken hatte.

Sie holte tief Luft. Sie musste es ihm erklären. Sie musste ihn einfach davon überzeugen, dass ,BLACKY' doch noch etwas wert war...

Das „Herein!" klang nicht besonders einladend, als Heike an die Bürotür geklopft hatte. Der Chef sah von den Papieren auf seinem Schreibtisch auf.

„Ach, du bist es. Da kann ich es dir ja gleich erzählen: ,ALCAN' kommt zurück. Bei der Röntgenuntersuchung hat

der Tierarzt Veränderungen am Strahlbein festgestellt. Den Käufern ist das Risiko einer künftigen Hufrollenentzündung zu hoch."

Heike wurde blass. Schlechter hätte der Empfang nicht ausfallen können. Sie wusste genau, wie viel vom Verkauf dieses talentierten Wallachs abhing. Und nun war er nicht durch den Pferde-TÜV gekommen; ein hoher finanzieller Verlust... Dabei wurde auf dem Lärchenhof jede Mark gebraucht. Wie sollte sie da die Ausgabe für ,BLACKYS' Eisen rechtfertigen?

Im Grunde ihres Herzens war sie fest davon überzeugt, dass der kleine ‚Blacky' mehr zustande gebracht hatte als alle übrigen Zwei- und Vierbeiner auf dem Lärchenhof zusammen: nämlich aus einer Mannschaft von Einzelgängern eine eingeschworene Gemeinschaft mit Einsatz, Initiative und Verantwortung zu machen. Aber wie sollte sie das dem Chef beweisen? Es war einfach aussichtslos.

„‚Blacky' braucht neue Eisen", stieß sie ohne jede Einleitung hervor. „Wenn er die nicht bekommt, kann er nicht mehr ins Gelände, und den Hallenstaub verträgt er nicht, und dann – dann war einfach alles umsonst."

„So, meinst du?", fragte der Chef trocken. Heike drehte den Kopf weg. Seine berüchtigte Ironie, die sie sonst sehr wohl zu schätzen wusste, war ungefähr das Letzte, was sie jetzt noch ertragen konnte. Aber er sollte wenigstens ihre Tränen nicht sehen.

„Ich bin da ganz anderer Meinung", fuhr der Chef fort. „Wenn du mich fragst – ‚Blacky' war in den letzten vier Wochen das wichtigste Pferd vom Lärchenhof."

Er nahm ein Blatt Papier vom Schreibtisch und hielt es Heike hin: „Hier, die Beschlagsliste für morgen kannst du gleich mitnehmen."

Heike drehte den Zettel in ihrer Hand um. Ganz oben stand: „‚Blacky' – 4 neue Eisen mit Stollen."

Fit in Fachausdrücken? Ein Test!

Nicht nur die Computerfreaks, auch die Pferdefreaks haben ihr Fachchinesisch. Da geht es statt um Bits und Bytes um Gebisse und Tempi, statt um Megahertz um Mega-Leistungen, für die Pferde und Reiter auch viel Herz brauchen... Seid ihr fit in Sachen ‚pferdesprachliche Fachausdrücke'?

Der folgende Test hilft bei der richtigen Selbsteinschätzung: *Was bedeuten die unten stehenden Fachausdrücke?*
Kreuze a., b. oder c. an. Die Auflösung findest du am Ende dieses Beitrags!

Ein Pferd geht am Zügel

a. Es wird am Zügel geführt.

b. Es versucht eigenmächtig wegzugehen, während es am Zügel gehalten wird.

c. Es folgt willig den Reiterhilfen und gibt dabei im Genick nach.

Ein Pferd tritt durchs Genick

a. Ein spektakulärer Unfall beim Versuch des Pferdes, sich hinter dem Ohr zu kratzen

b. Ein gefährliches Zirkuskunststück, bei dem die Hinterbeine des Pferdes abwechselnd Richtung Genick bewegt werden

c. Williges Vortreten des Pferdes auf die treibenden Hilfen hin an die Reiterhand mit nachgebendem Genick

Ein Pferd verkriecht sich

a. Beliebtes Pferde-Versteckspiel

b. Neu entdecktes Pferdeverhalten, insbesondere bei schlechtem Gewissen oder Angst vor der Arbeit

c. Das Pferd dehnt sich nicht vertrauensvoll an die Reiterhand heran, sondern bleibt mit der Nase hinter der Senkrechten und vermeidet den Kontakt zur Reiterhand.

Ein Pferd richtet sich auf

a. Drohgebärde des Pferdes: Es steht auf den Hinterbeinen und fuchtelt mit den Vorderbeinen.

b. Es steht vom Liegen auf.

c. Das Pferd hebt Kopf und Hals mehr an, bei gleichzeitigem vermehrten Untertreten der Hinterbeine.

Ein Pferd überrollt sich

a. Fitness-Übung für Pferde: eine Art Purzelbaum

b. Es stürzt und rollt gekonnt zur Seite ab.

c. Eine erzwungene Halshaltung des Pferdes mit der Nase weit hinter der Senkrechten

Ein Pferd macht sich eng

a. Schlankheitskur für Pferde

b. Es zieht den Bauch ein, damit man den Sattelgurt besser anziehen kann.

c. Das Pferd dehnt den Hals nicht genug und bringt die Stirn- Nasenlinie nicht weit genug vor.

Ein Pferd geht zu tief

a. Das Pferd hat zu kurze Beine (Marke Dackel).

b. Es muss in zu tiefem Boden gehen.

c. Es trägt Kopf und Hals zu tief.

Ein Pferd trägt sich

a. Dichterisches Bild des Autors Münchhausen – das Pferd zieht sich an seinem eigenen Schopf aus dem Sumpf.

b. Schreibfehler – soll heißen: Es beträgt sich gut oder schlecht.

c. Das Pferd balanciert das Gewicht von Kopf und Hals selbstständig aus.

Ein Pferd hält sich fest

a. Häufiges Pferdeverhalten, meist bei zwei Pferden gegenseitig: Eines hält sich mit den Zähnen am Widerrist des anderen fest.

b. Es nimmt den Strick selbst zwischen die Zähne, sodass man es nicht anbinden muss.

c. Ein Pferd verspannt seine Muskeln und kann daher nicht im Rücken schwingen.

Ein Pferd fällt auseinander

a. Schwere Pferdekrankheit im Endstadium

b. Dichterische Übertreibung für das Verlieren von Haaren beim Fellwechsel

c. Das Pferd geht nicht genügend von hinten, gleichzeitig geht die Anlehnung verloren – also das Gegenteil von dem, was geschehen soll, wenn das Pferd sich versammelt.

Ein Pferd liegt fest

a. Es ist ein Langschläfer.

b. Es bevorzugt einen besonderen Liegeplatz.

c. Es hat sich beim Wälzen so dicht mit den Beinen an einer Wand verkeilt, dass es die Beine nicht mehr unter den Körper ziehen und daher auch nicht allein aufstehen kann.

Ein Pferd geht nicht von hinten

a. Völlig normal: Es geht mit den Vorderbeinen los.

b. Es ist halt das erste in der Reihe.

c. Das Pferd aktiviert seiner Hinterbeine nicht genug.

Ein Pferd hat ein schlechtes Gebäude

a. Der Stall ist eine Katastrophe.

b. Die Reithalle taugt nichts.

c. Der Körperbau des Pferdes zeigt deutliche Mängel.

Ein Pferd wehrt sich gegen das Gebiss

a. Probleme beim Pferdezahnarzt: Pferd will nicht den Rest seines Lebens mit Kukident hantieren müssen.

b. Pferd will nicht endlos seine Mahlzähne beanspruchen müssen, verlangt Futter nur noch in Breiform.

c. Das Pferd empfindet die Verbindung des Trensengebisses in seinem Maul zur Reiterhand deutlich als unangenehm.

Ein Pferd zeigt mangelnde Versammlungsbereitschaft

a. Es zeigt keinen Sammeltrieb, weder für Diddl-Motive noch für Überraschungseierfiguren.

b. Es hat keinen Nerv für die Versammlungen von mehreren Pferden, zum Beispiel auf der Weide.

c. Es weigert sich, die Gelenke der Hinterhand mehr zu beugen und dadurch mit den Hinterbeinen mehr Last aufzunehmen.

Ein Pferd geht auf der Vorhand

a. Handstand für Pferde

b. Das Pferd tritt dem Reiter gezielt auf den Fuß.

c. Es arbeitet nicht genügend mit den Hinterbeinen und verlagert sein Gewicht vermehrt auf die Vorderbeine.

Ein Pferd verwirft sich

a. Krampfhafte Zuckungen beim Wutanfall eines Pferdes

b. Pferd versucht, sich vor Lachen wegzuschmeißen.

c. Es verkantet seinen Hals und hält den Kopf schief.

Die Hinterhand eines Pferdes bricht aus

a. Beinbruch am Hinterbein

b. Es schlägt hinten zu einer Seite aus.

c. Das Pferd balanciert sich auf gebogener Linie nicht aus, daher schleudert es in der Wendung mit der Hinterhand wie ein Lastwagen in der Kurve.

Das Pferd stürmt

a. Wutanfall, Vorsicht - lieber nicht zu nahe kommen!

b. Das Pferd ist schnell wie der Wind.

c. Es drängt ungestüm vorwärts und versucht dabei, sich der Kontrolle des Reiters über das Tempo zu entziehen.

Ein Pferd spurt nicht

a. Umgangssprachlicher Ausdruck für: ‚Das Pferd gehorcht nicht.'

b. Das Pferd bewegt sich wie von Zauberhand und hinterlässt keine Spuren.

c. Vorder- und Hinterbeine des Pferdes bewegen sich nicht in der gleichen Spur.

Ein Pferd legt sich auf den Zügel

a. Du hast leider die Trense in der Box vergessen. Nun hat sich das Pferd zum Schlafen auf die Zügel gelegt.

b. Druckfehler. Soll heißen: Das Pferd ‚steht' auf eine spe-
zielle Sorte Zügel, also auf Gurtenzügel, Gummizügel,
Lederzügel etc.

c. Ein Pferd verlagert das Gewicht von Kopf und Hals
über die Zügel auf die Reiterhände.

Ein Pferd verhält sich

a. Anderer Ausdruck für ‚ein Pferd benimmt sich'

b. Es ist hinterhältig.

c. Das Pferd lässt sich nicht los und geht nicht willig
vorwärts.

Ein Pferd gibt den Rücken her

a. Makabrer Spruch in der Pferdemetzgerei

b. Das Pferd gibt sich dafür her, dass jemand auf seinem
Rücken sitzt.

c. Es lässt mit schwingendem Rücken den Reiter willig
sitzen.

Ein Pferd hat Knieaktion

a. Ein Pferd geht vor Überraschung in die Knie.

b. Ihm springt regelmäßig die Kniescheibe heraus.

c. Das Pferd hebt im Trab die Vorderfußwurzelgelenke
deutlich an – typisch für manche Pferderassen, wie zum
Beispiel Andalusier.

Ein Pferd parkt

a. Es will nicht aus der Box.

b. Es macht ein Nickerchen im Stehen in der Reithalle.

c. Springreiterjargon: Das Pferd verweigert ein Hindernis.

Ein Pferd überspringt sich

a. Zirkuskunststück, das Eingang in das ‚Guiness Buch der Rekorde' gefunden hat.

b. Das Pferd kreuzt über dem Hindernis die Beine.

c. Es springt sehr viel höher, als es müsste.

Ein Pferd lässt sich fliegen

a. Pferde mit Vorliebe für die Business Class im Flieger

b. Neue Turnierprüfung ähnlich dem Skispringen, bei der Pferde von einer erhöhten Schanze aus möglichst weit durch die Luft fliegen müssen.

c. Ein Pferd springt vertrauensvoll und mit losgelassener Muskulatur in weitem Bogen über ein Hindernis.

Ein Pferd streift sich

a. Es hat ein gestreiftes Fell.

b. Es neigt dazu, allein durch die Gegend zu streifen.

c. Es streift die gegenüberliegenden Fesseln der Vorder- oder Hinterbeine aneinander.

Ein Pferd sucht den Zügel

a. Die Trense ist verloren gegangen – das Pferd hilft suchen.

b. Dir sind die Zügel aus der Hand gerutscht – das Pferd versucht, gezielt draufzutreten.

c. Das Pferd sucht vertrauensvoll die Anlehnung an die Reiterhand.

AUFLÖSUNG

Schon gut, du weißt natürlich, dass die richtige Lösung immer unter c. steht. - Oder hast du wirklich einmal a. oder b. angekreuzt?

Drei Tage Reitverbot

Auf dem alteingesessenen ‚Stangehof' werden Pony-Reiter-ferien für Kinder angeboten. Lisa, die ihre Reitwartprüfung gerade bestanden hat, arbeitet hier zum ersten Mal in den Ferien als Reitausbilderin. Mit den Ponykindern auf dem ‚Stangehof' kommt sie bestens zurecht – mit einer Ausnahme: Die Vier vom unzertrennlichen ‚KLEEBLATT' machen ihr die neue Aufgabe nicht leicht. Erst, als alle gemeinsam eine Überraschungsschau einüben, wird die Atmosphäre besser. Und dann widersetzt sich das ‚KLEEBLATT' auch noch einem strengen Verbot. Plötzlich hat Lisa mehr Probleme zu lösen, als sie sich eigentlich zutraut...

BETRETEN VERBOTEN!

„Abendessen!"

Lisas laute Rufe gingen allmählich in lautes Schreien über. Umsonst. Die Ferienkinder, die hier auf dem Ponyhof ihre Sommerferien verbrachten, schienen allesamt schlecht zu hören. Dabei wurde das Abendessen jeden Tag um Punkt sieben Uhr serviert.

Lisa nickte den Kindern zu, die nach und nach eintrudelten und zum Händewaschen verschwanden. Sie nahm sich vor, ihre Schützlinge kurz und heftig ins Gebet zu nehmen.

Wenn die Köchin des ‚Stangehofes' allzu lange mit dem Servieren der Mahlzeiten warten musste, bekam sie regelmäßig schlechte Laune. Und ihre Stimmung konnte man mit ziemlicher Sicherheit am Essen ablesen – oder besser abschmecken.

Lisa warf einen Blick in den Essraum. Fast alle Kinder hatten sich inzwischen an den Tischen eingefunden, aber eben nur fast. Genau sechs Stühle waren leer geblieben. Einer davon war ihr eigener. Die anderen fünf gehörten – wie könnte es anders sein - dem unzertrennlichen ‚KLEEBLATT' – so nannte sich die Truppe auch noch!

Wo einer der vier war, musste man auch die Übrigen suchen. Die vier Jugendlichen schienen regelrecht aneinander zu kleben. Wortführer des ‚KLEEBLATTS' war Klaus, der mit seinen fünfzehn Jahren schon beinahe zum Inventar des ‚Stangehofes' gehörte, so viele Ferien hatte er hier verbracht. Der ein Jahr jüngere Mario dagegen war ebenso klein und dunkel, wie Klaus blond und ellenlang. Marios Eltern waren Diplomaten, und so hatte es sich ebenfalls seit einigen Jahren eingebürgert, dass er auf dem ‚Stangehof' abgeliefert wurde, wenn seine Eltern mal wieder international unterwegs waren. Die beiden Mädchen des ‚KLEEBLATTS' waren auf dem ‚Stangehof' zu Hause. Mit ihren zwölf Jahren und den streichholzkurzen Haaren sah die drahtige Ulli nicht nur eher wie ein Junge aus, sondern benahm sich auch so. Wehe, wenn jemand sie Ulrike zu

nennen wagte! Sie war die jüngste Tochter der Familie Stange und galt unangefochten als beste Reiterin. Kein Wunder – schließlich konnte sie in der ferienfreien Zeit so viele Ponys reiten, wie sie Lust hatte. Die dreizehnjährige Dagmar schließlich – schulterlange dunkle Haare, hoch aufgeschossen und dürr - lebte seit einem halben Jahr als Pflegekind auf dem ,Stangehof'. Sie sagte selten etwas, aber mit den ,KLEEBLATT'-Mitgliedern schien sie sich wortlos zu verstehen.

Lisa marschierte ärgerlich wieder zur Haustür. Wo das ,KLEEBLATT' bloß steckte? Und außerdem fehlte auch noch Clementia. Merkwürdig. Das dicke, verwöhnte Mädchen war erst seit einer Woche hier und hatte es schon geschafft, sich denkbar unbeliebt zu machen. Clementia und das ,KLEEBLATT'? Undenkbar. Mit solchen Ferienkindern gaben sich die Vier erst gar nicht ab. Das hatten sie auch nicht nötig – schließlich galt es bei allen Kindern als besondere Ehre, an Unternehmungen der tonangebenden Vier teilnehmen zu dürfen.

Lisa lenkte ihre Schritt in Richtung Stall. Sollten ihre Schützlinge etwa... Den ,KLEEBLATT'-Mitgliedern war einiges zuzutrauen. Lisa hatte schon länger registriert, dass sie manchmal einfach vom Erdboden zu verschwinden pflegten. Und sie hegte einen ganz konkreten Verdacht.

Der ,Stangehof' war groß und bot einige günstige Verstecke. Am verlockendsten von allen war sicherlich der Heuboden. Lisa erinnerte sich noch gut daran, wie oft und gern sie selbst als Kind in Heu und Stroh gespielt hatte.

Aber am Aufgang vom Pferdestall zum Heuboden hing ein großes Schild: „Betreten verboten!"Und darunter hatte

sie selbst mit dickem Filzstift sehr viel kleiner, aber durchaus leserlich die Drohung geschrieben: „Achtung: drei Tage Reitverbot!"

Der Heuboden war der einzige Ort auf dem ganzen ‚Stangehof', der den Kindern strikt untersagt war. Herr Stange hatte Lisa kurz nach ihrer Ankunft gezeigt, warum.

Der Lagerplatz für Heu und Stroh nahm die ganze Fläche über dem langgestreckten Stallgebäude ein. Zu ebener Erde waren ein Laufstall für die Ponys, Pferdeboxen für Zuchtstuten mit Fohlen und der große Bullenstall untergebracht. In regelmäßigen Abständen waren in die Decke zwischen Stall und Heuboden Abwurfluken eingelassen, durch die Heu und Stroh in die einzelnen Ställe heruntergeworfen werden konnten.

Zu Beginn der Erntezeit in jedem Jahr wurden die Luken geöffnet. Ein riesiges Förderband transportierte die frischen Heu- oder Strohballen auf den Heuboden und verstreute sie dort kreuz und quer. Herr Stange hatte Lisa erzählt, dass noch vor zehn Jahren Heu- und Strohballen mit der Hand ordentlich gestapelt wurden. Dazu fehlte es heute an wertvoller Zeit und teurer Arbeitskraft.

So verwandelte sich der Heuboden in jedem Jahr in der Erntezeit in ein abenteuerliches Gebirge mit Gipfeln, Tälern, Schluchten und – gefährlichen Fallen. Denn irgendwo unter diesen verstreuten Bergen aus Heu und Stroh befanden sich die geöffneten Luken. Wer in den Futtervorräten herumturnte, konnte unversehens eine kleine Lawine auslösen und sich inmitten von rutschendem Heu- und Strohballen in rasender Fahrt abwärts bewegen – durch die Futterluke in den darunter gelegenen Stall. Jetzt,

im Sommer, waren alle Tiere auf der Weide und der Beton-
boden im Stall leer gefegt. Wer von oben herunterfiel, hatte
gute Chancen auf einen Krankenhausaufenthalt.

Lisa rief noch einmal laut nach den fehlenden Jugendlichen und dann schlich sie leise zum Hinterausgang. Sie
beeilte sich, unauffällig die Rückseite des Stallgebäudes zu
erreichen.

Plötzlich hörte sie ein leises Wimmern. Es schien aus
dem Bullenstall zu kommen. Lisa beschleunigte ihre
Schritte.

„Verdammt!" Das war eindeutig Ullis Stimme. „Diese
blöde Kuh verdirbt uns noch alles!"

„Halt doch du wenigstens die Klappe!" Das klang nach
Klaus.

„Steh endlich auf!" Eindeutig Marios Stimme.

Dann wieder Jammern. „Ich kann nicht...." Das musste
Clementia sein.

Lisa gab sich keine Mühe mehr mit dem Anschleichen.
Sie setzte sich in Trab, öffnete den hinteren Eingang des
Bullenstalles und betrachtete einen Augenblick lang
schweigend die Szene, die sich ihr bot. Nicht weit von ihr
saß tatsächlich Clementia jammernd auf einem Berg Heu
und presste einen Arm an den Körper. Klaus, Ulli und
Mario standen mit verschränkten Armen und verkniffenen
Gesichtern um sie herum. Über ihr in einer offenen Futterluke baumelten Dagmars Beine.

„Steh doch endlich mal auf und mach Platz, damit ich
runterspringen kann. Lisa sucht uns bestimmt schon!",
drängte sie.

Klaus nickte grimmig.

„Mit der ist nicht zu spaßen. Wenn die uns hier findet,

dann gute Nacht!"

Das war Lisas Stichwort.

„Da könntest du Recht haben", sagte sie laut und so kühl wie möglich.

Vier Köpfe drehten sich auf Kommando, Clementia fing an zu heulen.

Einen Augenblick zögerte Lisa. Sie wusste, dass Ulli und Dagmar in den Zeiten, in denen keine Ferienkinder auf dem ‚Stangehof' waren, selbstverständlich den Heuboden betreten durften. Wahrscheinlich kannte sich Ulli dort oben besser aus als jeder andere. Und Klaus und Mario waren ebenfalls erfahrene ‚Stangehof'-Gäste. Wenn bloß diese dämliche Clementia nicht dabei gewesen wäre!

Diese dämliche Clementia saß immer noch auf dem Heuhaufen und schniefte voller Empörung: „Ulli hat mich runtergeschubst!"

Ulli zischte zurück: „Warum musstest du uns auch hinterherspionieren. Wenn du nicht gewesen wärest..."

„Hätte ich euch trotzdem erwischt. Haltet ihr mich vielleicht für blind und taub?"

Lisa biss sich auf die Lippen. Die drei Tage Reitverbot hatte sie selbst als deutliche Warnung an alle ohne Ausnahme ausgesprochen. Warum um alles in der Welt hatten sich die Vier keinen anderen Termin aussuchen können, um über die Stränge zu schlagen? In drei Tagen war nicht nur Sonntag, sondern auch Herrn Stanges Geburtstag, und seit zehn Tagen übten sie nun schon an einem Überraschungs-Schauprogramm. Wenn sie ihre Drohung wahr machte, fiel die gesamte Planung ins Wasser: Ihre vier besten Reiter standen nicht mehr zur Verfügung.

Verd...rießlich.

Aber andererseits war das ein Test für ihre Glaubwürdigkeit. Also schluckte sie noch einmal und sprach das befürchtete Verbot kurz und knapp aus.

„Drei Tage Reitverbot! Ihr habt es euch selbst zuzuschreiben!"

Ulli zuckte zusammen. „Das ist doch nicht dein Ernst!", protestierte sie und warf Lisa einen bitterbösen Blick zu.

DAS KANN SIE DOCH NICHT MACHEN!

Nun ja, freundliche Blicke hatte Lisa in den vierzehn Tagen, in denen sie nun schon als Ferien-Reitlehrerin auf dem ‚Stangehof' arbeitete, von Ulli noch nicht geerntet. Das Mädchen schien – im Gegensatz zu fast allen übrigen Ferienkindern – nichts für sie übrig zu haben.

Anfangs hatte Lisa dafür ein gewisses Verständnis aufgebracht. Es war bestimmt nicht einfach für Ulli, sich mit den wechselnden Betreuerinnen in den Ferien abzufinden, die hier abwechselnd das Kommando übernahmen. Wahrscheinlich hatte Ulli mehr Ahnung vom Reiten und dem ganzen Drum und Dran des Ponyhofes als die so genannten Ausbilderinnen. Aber sie selbst hatte immerhin die Reitwartprüfung bestanden und einige Erfahrung vorzuweisen. Und jetzt war es Schluss mit dem Verständnis für die Tochter des Hauses.

Lisa wäre am liebsten geplatzt. Wer hatte sich hier eigentlich nicht an die Regeln gehalten – sie oder diese eingebildete Göre? Sie hob die Stimme, um ein größeres Donnerwetter anzustimmen, und schloss gleich wieder den Mund. Die Blöße würde sie sich nicht geben vor diesem eingebildeten Mädchen.

„Du wirst dich wundern: Es ist mein Ernst. Und nun

macht, dass ihr zum Abendessen kommt!"

Klaus und Mario wagten schon wieder ein schüchternes Grinsen. Die immer noch leise wimmernde Clementia hatte es immerhin geschafft, von dem Heuhaufen aufzustehen, sodass Dagmar sich aus der Luke nach unten herunterlassen konnte. Mit hochrotem Kopf, aber schweigend schloss sie sich der Prozession in Richtung Wohnhaus an.

Lisa hatte plötzlich überhaupt keine Lust auf eine öffentliche Diskussion des Heuboden-Abenteuers bei Tisch. Sie hatte ihre Rechnung allerdings ohne Clementia gemacht. Kaum hatten sie den Essraum erreicht und die anderen Kinder im Blick, fing das dicke Mädchen wieder an zu jammern und sich lautstark erstens über ihren Arm und zweitens über Ulli zu beschweren. Widerwillig schaute sich Lisa den verletzten Arm an, aber äußerlich war nichts zu sehen und bewegen ließ er sich auch. Trotzdem zog sich Clementia ohne Abendessen in ihren Schlafraum zurück – eine kleine Sensation, denn bisher war sie eher durch übergroßen Appetit bei den Mahlzeiten aufgefallen.

Lisa versuchte, das Gemurmel und Getuschel rings umher geflissentlich zu überhören, aber es gelang ihr nicht wirklich. Was die Kinder bewegte, ging ihr ja selbst durch den Kopf:

„Hat sie wirklich ‚drei Tage Reitverbot' gesagt?"

„Meinst du, sie hält das tatsächlich durch?"

„Was wird jetzt aus unserem Fest ohne die guten Reiter?"

„Das kann sie doch nicht machen!"

Und ob sie konnte. Lisa biss die Zähne zusammen. So

viel einfacher es auch für sie wäre, Gnade walten zu lassen – hier stand auch ihre Glaubwürdigkeit auf dem Spiel.

Es war gar nicht so leicht, von den Kindern und Jugendlichen als Ausbilderin akzeptiert zu werden, wenn man selbst noch nicht einmal 20 Jahre alt war und das Dressurreiten auf solidem L-Niveau, das sie beherrschte, hier auf dem ‚Stangehof' mit seinen eher etwas wildwüchsigen Ponys kaum zur Geltung kam. Gut, ihr Unterricht war beliebt, ihre Anleitung zur Pferdepflege wurde gern angenommen und Herr Stange hatte bereits deutlich gemacht, dass er ihren Sachverstand schätzte. Aber die Herzen des „Kleeblattes" hatte sie bislang nicht gewinnen können und vor allem nicht das von Ulli. Doch wenn die Vier sie auch nicht mochten (was sie einigermaßen schade fand), dann sollten sie wenigstens Respekt vor ihr haben...

In dieser Nacht schlief Lisa schlecht und träumte von endlosen Schimpforgien, stürzenden Kindern und einem Fest im strömenden Regen ohne Gäste und Festprogramm.

DAS WÄRE DOCH GELACHT!

Wenigstens ein Gutes brachte der nächste Morgen mit sich: strahlenden Sonnenschein. Und der Wetterbericht kündigte eine Fortdauer des heißen Sommerwetters auch für die nächsten Tage an. Die geplante Geburtstagsfeier konnte also voraussichtlich stattfinden, es fragte sich nur, wie?

Ein vorwitziger Sonnenstrahl hatte Lisa bereits um kurz nach sechs Uhr morgens wach gekitzelt. Sie versuchte, noch ein wenig zu dösen, aber zu viele Probleme wirbelten in ihrem Kopf herum. Widerwillig stand sie auf und schleppte sich erst einmal unter die Dusche, um richtig wach zu wer-

den. Dann setzte sie sich an den kleinen Tisch in ihrem Zimmer und legte Papier und Bleistift zurecht. Das wäre doch gelacht...

Gleich nach dem Frühstück begann ihr eigentlicher Dienst, der Reitunterricht für die Ponykinder. Angesetzt waren diese Stunden natürlich als Training für die geplante Geburstagsschau. Die Vier vom ‚KLEEBLATT' hatten eine Dressur- und eine Springquadrille eingeübt. Beides war nun natürlich gestrichen – aber nicht ersatzlos.

Kurz nach neun hielt Lisa mit den Ferienkindern Kriegsrat. Das ‚KLEEBLATT' hielt sich mit etwas Abstand in Sicht- und Hörweite. Bis auf Ulli - das registrierte Lisa mit einem unauffälligen Seitenblick - trugen sie alle keine Reitkleidung.

„Wie ihr alle wisst", begann sie ihre kleine Ansprache betont lässig, „ist das ‚KLEEBLATT' aus speziellen Gründen verhindert, bei unserer Show aufzutreten. Wir werden stattdessen ein paar andere Nummern einstudieren, zum Beispiel eine Schrittquadrille und einen Geschicklichkeitsparcours. Außerdem habe ich mir überlegt, dass wir vielleicht eine Voltigiernummer ausprobieren könnten. Wer von euch kann voltigieren?"

Fünf Hände flogen in die Höhe.

„Sehr gut! Ich habe in der Sattelkammer einen alten Voltigiergurt gefunden. Vielleicht können wir den alten ‚SULTAN' als Voltigierpferd nehmen, er braucht bloß im Schritt zu gehen. Aber wir denken uns eine tolle Kür aus!"

Begeisterte Kinderstimmen klangen wild durcheinander. Lisa fiel ein Stein vom Herzen.

„Also, wir fangen mit dem Üben für die Schrittquadrille an. Geht die Ponys von der Weide holen!"

Alle stoben davon, alle bis auf die Vier vom ‚KLEEBLATT'. Sie standen immer noch am selben Fleck und starrten sie ungläubig an. Ulli ergriff schließlich das Wort: „Ich gehe jetzt übrigens die ‚GRETEL' reiten." Sie drehte sich auf dem Absatz herum.

‚GRETEL' war Ullis eigenes Pony. Herr Stange hatte Lisa gegenüber ausdrücklich betont, dass seine Tochter das Pony allein nach Lust und Laune reiten durfte. Ferienpraktikantinnen wie sie waren für das Paar ‚GRETEL'/Ulli eigentlich nicht zuständig. Freilich, beim Üben für die geplante Dressurquadrille hatte Ulli ihr eigenes Pony unter Lisas Anleitung geritten.

Lisa spürte eine gelinde Wut in sich aufsteigen. Nun, sie konnte Ulli das Reiten auf dem eigenen Pferd nicht verbieten – aber den Reitplatz würde sie sich nicht streitig machen lassen. Das war nun unzweifelhaft ein Machtkampf – denn allein ausreiten durfte auch Ulli nicht. Wo sollte sie also reiten, wenn nicht auf dem Reitplatz? – Eine Reithalle gab es auf dem ‚Stangehof' leider nicht.

„Tu, was du nicht lassen kannst!", rief sie der davoneilenden Ulli nach, „allerdings hätte ich dich eigentlich nicht für so unkameradschaftlich gehalten. Und bedenke bitte, dass der Reitplatz bis 12.30 Uhr belegt ist."

Mario, Klaus und Dagmar starrten Lisa an, als hätte sie gerade eine Majestätsbeleidigung begangen. Wahrscheinlich war noch niemand so mit der Tochter des Hauses umgegangen. Alle drei kehrten Lisa schweigend den Rücken und verschwanden hinter Ulli her in Richtung Stall. Das ‚KLEEBLATT' ließ sich für den Rest des Tages bei den übrigen Ponykindern nicht mehr sehen.

Ein ganz neues Programm

Lisa macht sich mit Feuereifer an das Üben des neuen Programmes. Allerdings – so sehr die Kinder sich auch bemühten – es klappte alles mehr schlecht als recht. Die wenig bis gar nicht abgerittenen Ponys waren unkonzentriert und zu Blödsinn aufgelegt. Die Kinder kannten nur wenige Kommandos und Hufschlagfiguren und verstanden kaum, welche Figuren sich Lisa für die Quadrille ausgesucht hatte. Und für den Bau eines Geschicklichkeitsparcours fehlte es an geeignetem Material, beziehungsweise an der Zeit, dieses Material zu suchen. Wenn das ‚Kleeblatt‘ nur mitgemacht hätte! Klaus und Mario waren unübertroffen in der Fähigkeit, irgendwelche nötigen Baumaterialien aufzutreiben.

Immerhin, das Voltigieren mit dem alten Veteranen ‚Sultan‘, der eigentlich sein Gnadenbrot bekam, klappte ganz gut, wenn das Pferd sich auch höchstens im Schneckentempo bewegte.

Aber die ganze Aufführung bestand nun aus Nummern, die ausschließlich im Schritt und Zuckeltrab geritten wurden, und selbst die klappten noch nicht einmal gut genug. Am liebsten hätte Lisa das gesamte Projekt fallen gelassen. Aber diesen Triumph konnte sie dem ‚Kleeblatt‘ einfach nicht gönnen.

In der Mittagspause zermarterte sie sich das Hirn nach einer zusätzlichen Attraktion, während sie in den hintersten Winkeln des Hofes nach nützlichen Bestandteilen für ihren Geschicklichkeitsparcours suchte. Schließlich fand sie vier kleine Fässer, etliche leere Kanister und einen alten Türrahmen. Na prima!

Aus den umgelegten, mit Wasser gefüllten Kanistern ließen sich Trittsteine zaubern, auf denen ihre Schützlinge balancieren mussten und dabei ein Pferd führen. Je zwei Fässer übereinander mit einer Querlatte würden ein Hindernis bilden, unter dem man durchreiten musste, je nach Ponygröße mehr oder weniger neben den Pferdehals geduckt. Und wenn sich der Türrahmen irgendwie aufstellen ließ, dann konnte das Ganze eine Art Flattervorhang werden. Sie brauchte nur von oben Plastikschnüre herunterbaumeln zu lassen. Solche blauen Schnüre, mit denen die Heu- und Strohballen zusammengehalten wurden, gab es in endloser Menge in der Scheune.

Als Lisa in Gedanken versunken um die Ecke des Pferdestalles bog, kam ihr plötzliche eine Idee. Da gab es doch dieses Pferd von Barbara, die davor mehr Angst hatte, als es für das Reiten gut war! Barbara hatte es darum bislang nur auf die Weide gestellt, angeblich, um ihm ebenfalls Ferien zu gönnen. Aber vielleicht ließ sich dieses Pferd ja für Sitzübungen longieren? Mal auf einem großen Pferd zu sitzen, wäre für viele Ponykinder bestimmt eine große Verlockung. Und an der Longe konnten sie wenigstens gefahrlos galoppieren... Lisa machte sich auf die Suche nach der jungen Pferdebesitzerin und eine halbe Stunde später ging die braune Stute ‚SIESTA' leidlich an der Longe im Kreis, während die Ferienkinder sich darum stritten, wer als nächster drankäme.

Anschließend baute Lisa mit vielen übereifrigen Helfern zusammen den Parcours auf. Und wider Erwarten klappte das Üben mit den Ponys ganz leidlich. Zur Abendessenszeit hatte sich Lisas Stimmung wieder einigermaßen gebessert und sie sah dem kommenden Sonntag etwas gefasster ent-

gegen. Und immerhin – Ulli war mit ihrer ‚GRETEL' nicht auf dem Reitplatz aufgetaucht. Die erste Runde in dieser Auseinandersetzung hatte eindeutig sie gewonnen.

Kurz vor dem Abendessen nahm Frau Stange sie zur Seite.

„Ich habe Clementia nach Hause geschickt", teilte sie der verduzten Lisa mit. Das Mädchen hat den ganzen Vormittag dort oben in seinem Zimmer gejammert und wollte nicht rausgehen. Ich habe mir den angeblich verletzten Arm nochmal angeschaut, aber es war nichts zu sehen. Trotzdem habe ich die Mutter angerufen, die hat ihre Tochter vorhin abgeholt."

„Ach du liebe Güte!" Lisa erschrak. Clementia hatte sie beim Nachdenken über ihre übrigen Probleme glatt vergessen. Was mochte Frau Stange bloß über ihre Fähigkeiten als Betreuerin denken? Warum ging seit gestern denn bloß alles schief? Sie suchte stotternd nach einer passablen Entschuldigung:

„Ich, ich habe – ich dachte..."

Frau Stange schnitt ihr freundlich, aber bestimmt das Wort ab:

„Ein Kind, das sich hier nicht wohl fühlt, können wir nicht behalten, das ist mehr als schlechte Publicity und die können wir uns nicht leisten."

Lisa dachte, dass Clementia wahrscheinlich auch so kein gutes Haar am ‚Stangehof' lassen würde, aber sie nickte zustimmend und erleichtert. Wenigstens hatte ihr Frau Stange keine Vorwürfe gemacht.

UND DANN GING ALLES SCHIEF

In dieser Nacht schlief Lisa besser und erwachte taten-

durstig und voller Elan. Heute war die Generalprobe für die Aufführung, heute würden alle Kinder motiviert sein und sich auf ihre Aufgaben konzentrieren. Heute musste es einfach klappen...

Und dann ging alles schief.

Die unterbeschäftigten Ponys gingen mitten in der Schrittquadrille durch. Zwei Kinder fielen herunter und hatten anschließend Angst, wieder aufzusteigen. Der alte ,SULTAN' fand seine Rolle als Voltigierpferd gar nicht mehr lustig und versuchte, bei jedem Schritt nach innen zu drängen und stehen zu bleiben. Und die Stute ,SIESTA' hatte offenbar Muskelkater und sprang regelmäßig hinten um in den Kreuzgalopp. Wenn Lisa sie zu korrigieren versuchte, fing sie an zu buckeln – also ließ sie es sein. Das hatte ,SIESTA' schnell herausgefunden.

Zu allem Überfluss fiel auch noch das improvisierte Tor mit den Flatterbändern um, gerade als die Leitstute der Ponyherde, die Dunkelfuchsstute ,TANJA', hindurchmarschieren sollte. Sie trug zwar keine Schrammen, aber einen Mordsschrecken davon. Nichts und niemand, auch Lisa nicht, konnte sie anschließend dazu bewegen, dieses unheimliche Tor noch einmal zu durchqueren.

Die Kinder wurden unwillig und schlecht gelaunt und Lisa hätte am liebsten losgeheult. Was sie am meisten davor zurückhielt, war eine überraschende Entdeckung: Das ,KLEEBLATT' hatte eine Beobachterposition eingenommen und verfolgte mit Argusaugen die auftretenden Pannen.

Lisa versuchte, Optimismus zu verbreiten, den sie selbst nicht hatte, ließ Pferde wienern und Sattelzeug putzen und

wünschte sich nichts mehr, als dass der Sonntag schon vorbei wäre.

Den krönenden Abschluss dieses Tages bildetet ein Anruf von Clementias Mutter. Frau Stange rief die Kinder nach dem Abendessen zusammen und berichtete, dass Clementia sich doch den Arm gebrochen hätte – ein Arzt hatte es beim Röntgen zweifelsfrei festgestellt. Trotzdem viele Grüße an alle anderen Kinder!

Die meisten dieser Kinder, Lisa eingeschlossen, schämten sich ein bisschen, weil sie zu Clementia alles andere als nett gewesen waren. Und die Schmerzen am Arm hatte ihr keiner so recht abgenommen.

GEWITTERREGEN UND SONNENSCHEIN

In der Nacht vom Samstag zum Sonntag wachte Lisa von einem lauten Donnerschlag auf. Im gleichen Augenblick fing es zu regnen an. Ach was, Regen – ein Wolkenbruch! Es schüttete wie aus Eimern, stürmte, dass sich die Bäume nur so bogen und fing ganz plötzlich laut zu hageln an. Blitze zuckten über den Himmel und erhellten eine gespenstische Szenerie. Lisa dachte an den Reitplatz, der nun unter Wasser stehen würde und an den Geschicklichkeitsparcours, der wahrscheinlich längst in seine einzelnen Bestandteile zerlegt war. Und sie tat, was sie schon seit ewigen Zeiten nicht mehr gemacht hatte: Sie verkroch sich unter die Bettdecke und heulte.

Am nächsten Morgen strafte strahlender Sonnenschein die Erinnerung an das nächtliche Gewitter Lügen. Aber Lisa hatte Kopfschmerzen und fühlte sich, als hätte sie die ganze Nacht Holz gehackt. Schwerfällig kletterte sie aus dem Bett, zog sich ihre Stallklamotten über und schlüpfte in die Gum-

mistiefel. Sie wollte wenigstens noch vor dem Frühstück einen Blick auf das Chaos draußen werfen. Den Kindern konnte sie noch früh genug erklären, dass ihre ganzen mühsamen Vorbereitungen umsonst gewesen waren.

Sie bog um die Ecke des Reitplatzes und – traute ihren Augen nicht. Ulli stand mit einer Spitzhacke mitten auf dem Platz, umgeben von Ferienkindern in Gummistiefeln. Alle hatten abenteuerliche Schöpfgefäße in der Hand – von der alten Dose bis zum zweckentfremdeten Zahnputzbecher – und schöpften Hunderte von kleinen Hufabdrücken aus, in denen sich das Wasser gesammelt hatte. Ulli überwachte ein kompliziertes Rinnensystem, mit dessen Hilfe sie das Wasser aus der größte Pfütze auf dem Platz in den Entwässerungsgraben am Rand ableitete. Nichts stand unter Wasser, im Gegenteil: in zwei bis drei Stunden, so schätzte Lisa, würde der Platz beinahe wieder trocken sein.

Ulli schaute auf und sah Lisa näher kommen.

„Hallo", sagte sie, als ob es die selbstverständlichste Begegnung der Welt wäre.

„Falls du die Hindernisse suchst – die werden gerade in der Scheune abgewaschen und repariert. Die hatten leider etwas gelitten."

Lisa starrte sprachlos auf die Szene vor ihr. Nach ein paar weiteren Schritten hatte sie das offene Scheunentor im Blick und konnte erkennen, wie Klaus den Flattervorhang am Türrahmen festnagelte. Andere Kinder waren dabei, die schlammbedeckten Kanister abzuwaschen.

Klaus empfing sie so lässig, als wäre das alles tägliche Routine.

„Hallo Lisa! Keine Sorge, bis zum Frühstück ist alles wieder heil!"

Lisa konnte nicht antworten. Sie war sich ziemlich sicher, dass sie dabei in Lachen oder Weinen ausbrechen würde oder in beides zugleich.

Klaus dagegen konnte sich ein breites Grinsen nicht verkneifen.

„Mario und Dagmar sind bei den Ponys", erklärte er. „Du kannst ja mal gucken gehen."

Lisa fühlte sich wie eine Schlafwandlerin, als sie sich umdrehte und zur Ponyweide marschierte. Auch dort tat sich Außerordentliches.

Mario und Dagmar hatten mit breitem, weißen Elektroband eine zweite Umzäunung innerhalb der Weide abgesteckt. Der verbleibende Zwischenraum war gerade breit genug, dass zwei Ponys darin nebeneinander herlaufen konnten. Mario und Dagmar trieben die Ponys mit Longierpeitschen diesen improvisierten Rundlauf entlang. Hinter der Anführerin ‚Tanja‘ her galoppierte die Ponyherde munter vorbei. Mario grinste, als er Lisas ungläubigen Blick bemerkte.

„He, Lisa", sprach er sie an, als ob gar nichts zwischen ihnen vorgefallen wäre. „Du kannst sicher sein, nachher sind die Ponys brav."

Lisa nickte zustimmend.

„Und wir wissen auch schon, wie wir ‚Tanja‘ wieder durch den Flattervorhang bekommen. Weißt du, sie ist ganz verrückt nach ‚Mephisto‘." So hieß ein freches kleines schwarzes Shetlandpony. „Den kannst du überall hinführen, solange kein Reiter drauf sitzt. Hinter ‚Mephisto‘ her geht ‚Tanja‘ in den offenen Rachen der Hölle, wenn es sein muss."

„Muss nicht sein! Und macht die Viecher nicht ganz kaputt!" Lisa hatte mühsam ihre Sprache wiedergefunden.

„Keine Sorge", rief Mario ihr nach. „Wenn das ‚KLEEBLATT'
sich um etwas kümmert, dann klappt das schon."
Lisa glaubte ihm aufs Wort. Wie im Traum schwebte sie
zum Haus zurück.

Nachmittags um drei, als der Hausherr zum Kaffeetrin-
ken eingeladen hatte, wurde er von seiner Tochter erst einmal zum Reitplatz geführt. Dort wartete bereits der perfekt
aufgebaute Parcours. Hinter ‚TANJA' als sicheres Führpferd
her absolvierten die ‚Stangehof'-Ponys mit ihren kleinen
Reiterinnen und Reitern tadellos sämtliche Aufgaben.

Anschließend sauste das Umbaukommando, angeführt
von Klaus und Mario, in die Bahn und räumte die Hindernisse beiseite. Start frei für die Dressurquadrille! Ulli hatte
ihren Kassettenrecorder an den Rand des Vierecks gestellt
und drehte ‚Die kleine Nachtmusik' voll auf. „Hört sich toll
an!", war die allgemeine Ansicht.

Für die Voltigiernummer hatten sich die jüngeren Kinder, so gut es eben ging, als Hexen kostümiert. Und die beiden mutigsten kleinen Jungen wagten auf der gelassen an
der Longe rund gehenden ‚SIESTA' drei Runden Galopp,
ohne sich festzuhalten.

Als Lisa endlich die Longe einrollte und die Peitsche vor-
schriftsmäßig unter den Arm klemmte, kam der Hausherr
des ‚Stangehofs' mit strahlender Miene auf sie zu.

„Halt!", wurde er durch ein energisches Kommando
unterbrochen. Die Stimme gehörte eindeutig zu Ulli.

Alle sahen sich um.

Da stand das ‚KLEEBLATT' in Reithosen und Stiefeln mit
seinen Pferden, wunderschönen selbstgebastelten Stecken-
pferden. Auf dem Kopf trugen alle Vier einen abenteuer-

lichen Kopfputz, der entfernt an einen Dreispitz erinnerte und im früheren Leben ein Reithelm gewesen war. Zu flotter Marschmusik ritten sie ein, zu Fuß, versteht sich, und vollführten eine perfekte Quadrille mit allen Lektionen der hohen Schule.

Lisa stand neben Herrn Stange und traute ihren Augen nicht.

Warum, zum Teufel, stahlen sich denn jetzt schon wieder Tränen in ihre Augenwinkel? Nun ja, wenn sich heute jemand Freudentränen leisten konnte, dann doch wohl sie, oder etwa nicht?

Gretel im Rennen

Auf dem Stangehof wird jede Mark gebraucht, um Schulden abzubezahlen. Darunter leidet auch der Ponyhof-Betrieb. Lisa, die in den Ferien als Ausbilderin dort arbeitet, spürt die finanzielle Notlage und würde gerne helfen. Da kommt die Ausschreibung eines Ponyrennens wie gerufen, für das ein Sonderpreis von 5000 Mark ausgesetzt ist. Aber als Lisa mit dem Training für das Ponyrennen beginnt, türmen sich praktische Schwierigkeiten auf. Und ausgerechnet die beste Reiterin stellt sich quer...

„So kann es nicht weitergehen", sagte Lisa mit Nachdruck und schob nervös eine nicht vorhandene Haarsträhne aus dem Gesicht. „Die Ponys haben fast alle Hufspalt und die Hufe sind extrem kurz abgelaufen. Außerdem sind ein paar von ihnen in der Gurtlage schon offen. Wir brauchen einen Schmied, wir brauchen Hufpflegemittel und außerdem brauchen wir andere Sattelgurte oder wenigstens Fellüberzüge. Sonst haben wir hier bald keinen Ponyhof, sondern eine Pferdeklinik."

Lisa holte tief Luft und sah ihr Gegenüber weitaus unsicherer an, als ihre energische Rede es vermuten ließ. Sie arbeitete schließlich nur in den Semesterferien als Reitlehrerin für die Ponykinder hier auf dem Hof – und das erst seit drei Wochen. Und sie ahnte nicht, wie ihre Kritik aufgenommen werden würde.

Aber Ferdinand Stange, der Hausherr des Ponyhofes, sah nicht so aus, als ob er ihre Worte übelnehmen würde. Im Gegenteil: Er lächelte sie eher traurig aus ziemlich müden Augen an.

„Wir haben kein Geld übrig", sagte er. „Und damit meine ich wirklich keine müde Mark. Der Sturm hat uns letztes Jahr das Dach abgedeckt und darunter kam morsches Gebälk zum Vorschein. Wir haben den ganzen Dachstuhl erneuern lassen, und ich musste dafür einen hohen Kredit aufnehmen. Und zu allem Unglück ist auch noch unser eigener Deckhengst an einer Kolik eingegangen. Er war natürlich nicht versichert, weil die Prämien dafür so elend hoch sind. Im Augenblick weiß ich einfach nicht, woher ich das Geld für irgendwelche Sonderausgaben nehmen soll."

„Aber die Ferienkinder bringen doch auch Geld ein", erwiderte Lisa. Sie sah die Sorgenfurchen im hageren Gesicht von Ferdinand Stange und fühlte sich sehr hilflos. „Wenn die Ponys anfangen zu lahmen, können die Ferienkinder nicht mehr reiten. Dann haben Sie hier einen Ponyhof ohne Ponys!"

Der große, schlanke Mann auf der anderen Seite des überquellenden Schreibtisches schien sich einen Ruck zu geben.

„Ja, du hast natürlich Recht, wir müssen etwas tun. Die Hufe der Ponys müssen dringend unters Messer, sie sind überfällig. Aber für den Schmied haben wir kein Geld, erst recht nicht für Hufeisen. Aber ich kann die Hufe der Ponys zur Not noch einmal selbst ausschneiden, das habe ich schon öfters gemacht."

„Ja, aber der Boden auf dem Pony-Reitplatz ist wegen der extremen Trockenheit viel zu hart, und das Sandviereck ist für die kleinen Ponys einfach zu tief."

„Ich verstehe. Lass mich nachdenken." Der Stangehof-Besitzer legte die Stirn sichtbar in Falten.

„Ich könnte die Wiese, die an die Ponyweide grenzt, ein zweites Mal mähen. Dann kannst du dort deine Pony-Reitstunden abhalten. Da ist der Bach in der Nähe und der Boden ist nicht ganz so trocken."

„Mach ich. Aber haben wir nicht doch noch irgendwelches Fett, das wir auf die Hufe schmieren können, damit sie nicht ganz so austrocknen?"

„Lass mich überlegen... Ich hab's: Mein alter Stallmeister hat mal empfohlen, die Hufe mit Lebertran einzufetten. Das könntest du ja mal versuchen – irgendwo im Rinderstall muss noch ein alter Eimer mit Lebertran rumstehen."

„Wir können ein paar Tage lang einfach ohne Sattel reiten." Lisa fühlte sich in der praktischen Planung mehr zu Hause als im Nachdenken über fehlende Finanzen. „Dann mache ich mehr Spiele im Schritt, das schont gleichzeitig die Hufe und der Gurtdruck kann ausheilen."

Der Stangehof-Besitzer lächelte anerkennend. „Gute Idee! Ich habe schon gesehen, dass du es prima schaffst, die Kinder gut zu unterhalten. Vielleicht gelingt es uns ja doch, in diesem Sommer irgendwie über die Runden zu kommen."

„Ich tue, was ich kann!", bekräftigte Lisa.

Lautlos begrub sie die Träume von besser passenden Trensen, vernünftigen Gebissen, ein, zwei Sätteln, die diese Bezeichnung auch verdienten, einer Voltigierausrüstung und vielleicht sogar einer kleinen Ponykutsche.

OHNE SATTEL

„Wir reiten heute ohne Sattel!"

Lisas Ankündigung hatte erregte Diskussionen unter den Ponykindern zur Folge. Die einzigen, die auf die Neuigkeit nur mit einvernehmlichem Grinsen reagierten, waren die vier Mitglieder des unzertrennlichen ‚KLEEBLATTS'. Kein Wunder – sie waren nicht nur die tonangebende Clique, sondern auch unangefochten die besten Reiter. Drei von ihnen jedenfalls: Ulli, die zwölfjährige Tochter des Hauses wurde nicht nur wegen ihrer streichholzkurzen Haaren, sondern mehr noch wegen ihres Benehmens oft für einen Jungen gehalten. Der ellenlange blonde Klaus war mit seinen fünfzehn Jahren der älteste im Bunde und sozusagen ein Ponyhof-Veteran. Zu den treuen ‚Stangehof'-Gästen zählte auch der dunkelhaarige Mario, der nach seiner zierlichen spanischen Mutter zu geraten schien. Wenn es den Spruch „klein, aber oho" nicht schon geben würde, müsste man ihn für Mario erfinden. Niemand vermutete auf den ersten Blick, dass er genauso alt war wie die Bohnenstange Dagmar mit ihren langen dunklen Locken, nämlich dreizehn.

Dagmar war vor einem halben Jahr als Pflegekind auf den ‚Stangehof' gekommen und schien sich gut eingelebt zu haben – wenn man von ihrer Schweigsamkeit einmal absah. Im Reiten hatte sie dank täglicher Übung jedenfalls

gute Fortschritte gemacht – so gute, dass ihr das Reiten ohne Sattel wie den übrigen ‚KLEEBLATT'-Mitgliedern keine Schwierigkeiten machen würde.

Bei manchen anderen kleinen Ponyhof-Gästen sah das anders aus. Wenn sie sich auf dem Pferderücken sicher fühlen wollten, mussten sie noch regelmäßig in das Angstriemchen vor dem Sattel greifen. Entsprechend groß waren die Bedenken, sich ohne Möglichkeit zum Festhalten auf den glatten Pferderücken zu wagen.

„Wir rüsten die Ponys mit Halsriemen aus. Dafür können wir einfach Bügelriemen nehmen", schlug Lisa vor.

„Aber richtet mir ja kein Durcheinander an!", rief sie den Kindern hinterher, die schon mit Gejohle in die Sattelkammer gestürmt waren. „Ich will später jeden Sattel wieder komplett so vorfinden, wie er vorher war."

Klaus drehte sich in der Tür der Sattelkammer um und rief ihr zu: „Keine Sorge. Ich pass schon auf!"

Auf Klaus konnte sie sich verlassen. Lisa überließ ihm das Fertigmachen der Ponys und ging voraus, um ihren neuen Reitplatz zu besichtigen.

Der Hausherr hatte Wort gehalten und die Wiese gemäht. Für ihre Reitstunden hatte sie sozusagen freie Bahn.

Auch um die Hufe der Ponys hatte Ferdinand Stange sich eigenhändig gekümmert. Wenigstens waren jetzt rundum die Zehen der Ponys gekürzt und alle ausgebrochenen Kanten geraspelt. Unter gelegentlichem Protest – „Iih, wie das stinkt!"- hatten die Ponykinder sämtliche Hufe gewaschen und anschließend mit Lebertran geölt.

Lisa betrachtete ihren neuen Reitplatz mit leisen Zwei-

feln. Der Boden war nicht ganz so eben, wie er sein sollte. Noch mehr zu denken gab ihr die Tatsache, dass die Wiese keinen Zaun hatte, sondern nur seitlich von Gräben, an der Rückseite von einem Bach und zur Straße hin von einer Hecke begrenzt wurde. Außerdem war sie riesengroß.

‚Wenn hier ein Pony auf eigene Ideen kommt, hat es viel zu viel Platz', dachte Lisa grimmig. ‚Zum Glück ist wenigstens der Weg nach Hause durch die hohe Hecke abgeschirmt. Die wirkt hoffentlich als natürliche Bremse, falls eines der Ponys allein den Heimweg antreten will.'

Aber an diesem Vormittag musste die Hecke ihre Funktion noch nicht unter Beweis stellen – der Reitunterricht ging ohne Zwischenfälle über die Bühne. Lisa ließ vorsichtshalber alle Ponys erst einmal von den ‚KLEEBLATT'-Mitgliedern abreiten. Die nicht so geübten Reitschüler verzichteten gern auf den Galopp. Mit der Aufgabe, sich im Trab auf dem Pferderücken zu halten, waren sie vollauf beschäftigt.

Auch der Nachmittag verlief vergnüglich und in bester Stimmung mit Indianerspielen: Die tapferen Krieger warfen sich waghalsig vom Pferd (aus dem Stand und später aus dem Schritt, aber immerhin), transportierten ihre „Verwundeten" quer über dem Pferderücken liegend und balancierten waghalsig über Trittsteine (liegende Autoreifen) in reißenden Flüssen (aus Plastikplane), duckten sich unter tief hängenden Zweigen dicht neben den Pferdehals (am Bach wuchs eine passende Trauerweide) und rauchten anschließend eine selbst gebastelte Friedenspfeife.

Lisa zog sich am Abend hundemüde, aber durchaus zufrieden mit sich und der Welt in ihr Zimmer zurück.

5000 MARK FÜR DEN SIEGER

Kurze Zeit später klopfte es an der Tür.

„Herein!"

Ferdinand Stange streckte ihr eine Zeitschrift entgegen.

„Schau mal, was ich dir zeigen wollte!"

Lisa folgte seinem Zeigefinger und las:

Prüfung Nr. 1
Ponyrennen ohne Sattel über 1000 Meter.

Sie überflog das Kleingedruckte, in dem die näheren Bedingungen festgehalten waren und kam zu einer fett gedruckten Zeile:

*Sonderehrenpreis für den Sieger: Gutschein im Wert
von 5000 Mark, gestiftet von Reitsport Dober.*

„5000 Mark!" Lisa ließ sich die Summe regelrecht auf der Zunge zergehen. „Das wäre zu schön, um wahr zu sein. Können wir denn an diesem Rennen teilnehmen? Ist das irgendwo in der Nähe"

Der Hausherr nickte. „In unserem Nachbarverein. Wir können sogar hinreiten. Bisher haben wir jedes Mal teilgenommen - aber gewonnen haben wir noch nie. Da starten Spezialisten, die trainieren das ganze Jahr für nichts anderes."

„Aber unsere Ponys sind auch gut im Training", wandte Lisa ein. 5000 Mark! Da wollte sie sich nicht schon im Vorfeld geschlagen geben. „Natürlich – im Renntempo ohne Sattel, das kennen sie nicht. Das müssten wir ausprobieren."

„Sei vorsichtig", warnte ihr Brötchengeber. „Du weißt ja selbst, wie schnell die kleinen Biester werden können, wenn sie der Ehrgeiz packt."

Lisa war mit den Gedanken schon bei der Berittmachung. „So ein Rennen ohne Sattel können wohl nur Ulli, Klaus und Mario auf Anhieb schaffen, richtig?"

„Genau. Wir hatten letztes Jahr noch ein anderes Pony, mit dem wurde Ulli dritte. Aber ich habe es inzwischen verkauft, weil es nach den anderen geschlagen hat. Die übrigen Ponys können auch ganz schön schnell werden. Aber sie haben alle so ihre Macken bei einem Rennen."

„Welche denn?"

Ferdinand Stange grinste und sah plötzlich um Jahre jünger aus. „Ich bin sicher, du findest es allein heraus. Und wenn nicht – umso besser!"

Lisa träumte in dieser Nacht von einem Geldscheinregen, durchgehenden Ponys und stürzenden Reitern. Am Morgen war sie schon nicht mehr ganz so zuversichtlich wie am Abend zuvor.

GALOPPTRAINING

Ihre jungen Reitschüler dagegen waren Feuer und Flamme, als sie von dem bevorstehenden Rennen hörten. Einträchtig scharten sie sich um die Vier vom ‚KLEEBLATT‘ und diskutierten Eigenheiten und Chancen der Ponys, als wären sie allesamt erfahrene Rennreiter.

Lisa musste lachen.

„Also", bestimmte sie mit energischer Stimme, „bevor ihr alle Jockeys werdet, müsst ihr erst einmal lernen, die Pferde im Galopp unter Kontrolle zu halten."

Sie sah schon ein paar enttäuschte Gesichter. Das klang nach Unterricht, und es klang natürlich auch danach, dass nur die besten Reiter zum Zuge kommen würden.

„Alle, die nicht am Training für das Ponyrennen teilnehmen, machen heute Nachmittag Reiterspiele", versprach sie. „Und außerdem brauche ich doch Schiedsrichter und Helfer auf der Strecke!"

Sie teilte die Pferde ein. Insgesamt waren es acht Teilnehmer, die sich am Ende der Wiese in einer Reihe aufstellten. Längs der Strecke gingen die zweibeinigen Streckenposten in Position.

Lisa musterte das Feld kritisch. Neben dem unvermeidlichen ‚KLEEBLATT' hatte sie vier Ponyreiter für das Galopptraining ausgewählt. Um die Zwillinge Anna und Marie machte sie sich keine Sorgen – die waren geschickt und saßen auf den beiden eher gemütlichen Haflingerstuten ‚DICK' und ‚DALLI'. Der unauffällige dunkelblonde Achim würde es vermutlich auch schaffen, seiner Schimmelstute ‚TRIXIE' Herr zu werden. Aber die verwöhnte Jenny würde sich anstrengen müssen, um den schnellen braunen ‚TACCO' im Zaum zu halten. Der Wallach konnte einerseits empfindlich reagieren, andererseits auf stur schalten.

Klaus saß auf der Dunkelfuchsstute ‚TANJA'. Sie war die Leitstute der Herde und als einzige groß genug, den langen Klaus zu tragen. Dennoch baumelten seine Füße rechts und links weit unterhalb des Pferdebauches in der Luft.

‚Schade', dachte Lisa, als sie die beiden musterte. ‚Er ist einfach schon zu schwer. ‚TANJA' kann unter ihm nicht wirklich ihr höchstes Tempo erreichen. Aber er hat sie wenigstens im Griff.'

Dagmar saß auf ihrem eigenen Pony namens ‚SCHNEEBEERE', das noch jung und nicht besonders schnell war, und Mario klebte auf seinem Leib- und Magenpony ‚MEPHISTO'. Das winzige schwarze Shetlandpony hatte bereits in den

Reitstunden ab und zu eigenmächtig Kostproben seines beachtlichen Renntempos geboten.

Nur Ulli machte ein mürrisches Gesicht. Lisa hatte sie auf der eleganten Welsh-Stute ‚CESSIE' eingeteilt, und sie konnte nicht ganz verstehen, warum Ulli mit dieser Wahl unzufrieden war. Die zierliche Falbenstute gehörte nämlich mit Sicherheit zu den schnellsten Pferden des ‚Stangehofes'.

Aber Lisa wusste schon, dass die Tochter des Hauses manchmal schwierig zu behandeln war. Diesmal allerdings wollte sich Lisa von ihren Launen nicht beeindrucken lassen.

Sie erklärte noch einmal den Ablauf.

„Wir starten im Trab und dort, wo rechts und links die ersten Posten stehen, galoppiert ihr an – aber ruhig.

In Höhe der nächsten Posten könnt ihr im Tempo zulegen und dort, wo die letzten Posten stehen, fangt ihr das Tempo wieder ein. Vor dem Graben am Ende der Wiese pariert jeder durch. Zurück geht es im Schritt. Alles klar?"

„Klar!", war die vielstimmige Antwort.

„Wir reiten übrigens kein Rennen", bekräftigte Lisa sicherheitshalber noch einmal. „Es geht nur darum, dass die Ponys einmal mit etwas mehr Tempo galoppieren. Und wagt es ja nicht, mit der Nase in Richtung Stall schneller als gemütlichen Schritt zu reiten! Ich habe keine Lust, durchgehende Ponys einzufangen. Also dann: Alles im Arbeitstempo Trab!"

Dicht nebeneinander trabten die Ponys an. Als sie in Höhe der ersten Posten waren, lagen ‚SCHNEEBEERE' und ‚TRIXIE' schon ein wenig zurück. Da, der Moment des Angaloppierens kam – und ‚TACCO' schoss los wie ein Pfeil von der

Sehne. Jenny hatte ihm zum Angaloppieren beide Absätze kraftvoll in den Bauch gerammt. ,MEPHISTO', nicht faul, nahm die Verfolgung des Braunen auf, dicht gefolgt von ,TANJA' und ,CESSIE'. ,DICK' und ,DALLI' hatten wohl gleich begriffen, dass dieses Tempo zu hoch für sie war und wurden eher langsamer als schneller.

Von wegen ,*kein Rennen*' – die vier Ponys der Spitzengruppe lieferten sich einen erbitterten Konkurrenzkampf. Da, der letzte Streckenposten kam in Sicht, jetzt sollten die Reiter langsamer werden. Klaus, Ulli und Mario bemühten sich nach Kräften, das Galopptempo zu drosseln. ,TANJA' hüpfte widerwillig hin und her und brachte Klaus einigermaßen in Wohnungsnot.

Mario lag hintenüber gelehnt auf ,MEPHISTO' und zog aus Leibeskräften mit beiden Händen an einem Zügel, um den Rappen in einen Bogen vor dem Bach zu wenden. Ulli klemmte ,CESSIE' im Nacken und versuchte ihr Bestes, das Pony wieder in ihre Gewalt zu bekommen – aber die eigenwillige Stute riss nur den Kopf noch höher und raste ungebremst weiter.

Jenny freilich versuchte gar nicht erst, irgendwie Einfluss auf ihr Pferd zu nehmen. Ganz entgegen ihrer großspurigen Erzählungen von wilden Ritten ohne Sattel hielt sie sich schreckensbleich am Halsriemen fest und ließ die Zügel leicht durchhängen. ,TACCO' hielt immer noch die Führung, sauste auf den Graben zu, stoppte in letzter Sekunde abrupt und blieb stehen. Hätte er nicht gnädigerweise den Kopf ganz hoch genommen, wäre Jenny unaufhaltsam über den Hals abwärts gerutscht.

So rappelte sie sich auf und sah mit offenem Mund zu, wie neben ihr ‚CESSIE' mit gesteigerter Geschwindigkeit auf den Bach zusteuerte. Ohne jedes Zögern überwand die kleine Schimmelstute unter Ulli das zweieinhalb Meter breite Wasserhindernis.

Klaus gelang es mit letzten Kräften, ‚TANJA' rechtzeitig zu stoppen und Mario schaffte es, ‚MEPHISTO' zu wenden. Dann allerdings bremste das kleine schwarze Pony abrupt und beförderte dabei seinen Reiter unsanft zu Boden. Das Shetlandpony rannte offensichtlich nur, wenn vor ihm ein anderes Pferd in Sicht war. An der Spitze gehen mochte es nicht.

Jetzt hatte Jenny ihren ‚TACCO' gewendet und ‚TANJA' war zum Schritt durchpariert.

In einiger Entfernung ließen auch Anna und Marie, die sich noch auf dem Hinweg befanden, ihre beiden Haflingerstuten in den Schritt fallen. Die breiten Hinterteile von ‚DICK' und ‚DALLI' dienten Achim und Dagmar als willkommene Bremse – auch sie parierten zum Schritt durch.

Lisa stieß einen Seufzer der Erleichterung aus. Glück gehabt!

Ulli hatte den unfreiwilligen Sprung ohne Sattel sicher überstanden; weiter hinten war es ihr gelungen, die Stute im Tempo zu regulieren und im Trab zu wenden. Mario hatte sich schon wieder aufgerappelt und näherte sich zu Fuß dem kleinen schwarzen Teufel, der allerdings keine Lust hatte, sich fangen zu lassen. Aber alles war ja noch einmal glimpflich abgegangen...

Lisa schaute auf und traute ihren Augen nicht. Die vorlaute Jenny spornte ihren ‚TACCO' plötzlich zu einem wilden Galopp in Richtung Heimat an, und dann ging alles sehr schnell.

Die beiden Haflingerstuten drehten auf der Stelle um und schlossen sich in erhöhtem Tempo dem Stallgefährten an. Anna und Marie rutschen in der unvorhergesehenen Kehrtwendung einträchtig rechts und links zu Boden. ‚TANJA' machte einen Satz nach vorn und setzte sich an die Spitze des Feldes, so wie es sich für eine Leitstute gehört. Klaus bemühte sich vergeblich, die durchgehende Stute unter Kontrolle zu bringen. Der reiterlose ‚MEPHISTO' schoss hinterher und kreuzte ‚TACCOS' Spur. Der Braune sprang zur Seite, Jenny fiel kopfüber herunter und blieb heulend am Boden liegen. Vier reiterlose Pferd sprengten auf die Hecke und damit auf Lisa zu.

Sie erwachte aus ihrer Erstarrung.

„Schnell, den Ausgang versperren!", rief sie den neben ihr wartenden Ponykindern zu. Die rasten zum Ausgang und stellten sich dort in breiter Front auf - ganz knapp bevor ‚TACCO' als Erster eigenmächtig den Heimweg antreten konnte.

Fünf Minuten später waren alle Pferde eingefangen und auch Ulli traf mit bösem Gesicht wieder ein. Sie hatte einen weiten Bogen geritten, um auf dem Rückweg den Bach nicht noch einmal springen zu müssen.

„Verdammtes Vieh!", war ihr wenig schmeichelhafter Kommentar. „Die springt in einem Rennen höchstens die Umzäunung!"

Lisa musste ihr heimlich Recht geben.

„Wir reden heute Abend nochmal über das Rennen", entschied sie, erleichtert, dass wenigstens kein Unfall passiert war. Jenny allerdings, die sich nur ein paar Schrammen im Gesicht und an einem Arm zugezogen hatte, musste sich eine gepfefferte Standpauke anhören.

Lisa war so wütend wie selten zuvor. Allzu deutlich stand ihr vor Augen, was alles hätte passieren können, wenn nicht ein wachsamer Schutzengel diesen Ritt begleitet hätte.

KRIEGSRAT

„Also", begann Lisa weitaus sicherer, als sie sich eigentlich fühlte, „ich habe mir Folgendes überlegt:
Wir trainieren mit ‚TANJA', ‚TACCO' und ‚MEPHISTO'. Ulli nimmt ‚TANJA'. Die beste Reiterin muss auf das schnellste Pferd, damit haben wir die größten Chancen."

Sie musterte Klaus einen Augenblick, um seine Reaktion einschätzen zu können.

„Schon gut", winkte der ab. „Ich bin sowieso zu schwer für ein Ponyrennen. Vom mir aus setze ich mich auf ‚TACCO', aber ich rechne mir keine großen Chancen aus."

Lisa nickte. „Ja, schade, aber ich denke, es ist besser so. Und Mario soll ruhig den ‚Mephisto' nehmen – das Pony rennt ja wirklich um sein Leben. Aber er läuft halt nicht ganz vorne – der schafft es bis höchstens auf den zweiten Platz. Aber er kann wenigstens versuchen, Ulli den Rücken freizuhalten."

„Das kannst du vergessen." Ullis Kommentar war ebenso eindeutig wie unfreundlich. „Ich denke nicht dran, eines von diesen Tieren zu reiten, auf denen immer die Anfänger herumziehen. ‚TANJA' springt im Zweifelsfall hin und her wie ein Kaninchen, das hast du doch gesehen!"

Lisa musste zugeben, dass diese Vermutung alles andere als aus der Luft gegriffen war.

„Und, was stellst du dir stattdessen vor?" fragte sie gereizt.

„Ich reite ‚GRETEL' – so einfach ist das." Ulli presste die Lippen zusammen zum Zeichen, dass sie zu diesem Thema nichts mehr zu sagen hatte.

Lisa fuhr auf. „Das kann doch nicht dein Ernst sein! Deine ‚GRETEL' mag ja lieb und nett sein – aber schnell ist so ein Dressurpony nun wahrlich nicht. Außerdem hat sie doch ein Fohlen bei Fuß. Sie ist überhaupt nicht im Training!"

„Dann beginne ich jetzt eben mit dem Training. Und dass sie nicht so schnell ist, das ist mir doch egal. Ich muss nicht gewinnen. Aber ich lasse doch mein eigenes Pony nicht im Stich, um irgendein anderes verrücktes Vieh zu reiten."

„Denk doch auch mal an die anderen und nicht nur an dich selbst!" Lisas Stimme wurde vor Zorn und Hilflosigkeit immer lauter. „Wenn du ‚GRETEL' reitest, muss Klaus auf ‚TANJA', ganz einfach, weil wir sonst niemanden haben, der sie packt. Und dann haben wir keine Chance, zu gewinnen."

„Die haben wir sowieso nicht", schnauzte Ulli zurück. „Bilde dir bloß nicht ein, dass du dich hier zur Retterin des ‚Stangehofs' aufspielen kannst. Und außerdem – vielleicht fällt es dir nicht auf, aber ich muss beständig auf andere Rücksicht nehmen, mein ganzes Leben besteht daraus!"

Sie drehte sich auf dem Absatz um und stürmte aus dem Esszimmer, in dem der improvisierte Kriegsrat stattgefunden hatte.

Lisa schwieg. Auf einem Ponyhof zu leben, war vermutlich nicht ganz so schön, wie sie sich das in ihren vielen früheren Träumen vorgestellt hatte...

DER GROßE TAG

„Dem Sieger in diesem Ponyrennen ohne Sattel winkt neben dem Ehrenpreis ein Gutschein von 5 000 Mark, genauer gesagt, dem Stall, aus dem das siegreiche Pony kommt", ertönte es aus dem Lautsprecher.

Lisa konnte es nicht mehr hören. Wegen dieses Einkaufsgutscheins von 5 000 Mark hatte sie sich erbittert mit dem ‚KLEEBLATT' gestritten und schließlich nachgeben müssen. Und nun stand sie hier auf dem Turnierplatz und wusste, dass trotz all ihres intensiven Trainings keine Chance bestand, an das Geld zu kommen.

Gut, es war keine Riesensumme. Aber Geld genug, um die Probleme des Ponyhofes mit einem Schlag zu beheben. All die Dinge, die auf ihrer heimlichen Wunschliste standen, um die Ponys besser zu versorgen und das Ponyreiten interessanter und attraktiver zu machen, könnten davon finanziert werden. ‚Die Erfüllung dieser Wünsche – das wäre für den kleinen Ponyhof der Familie Stange so etwas wie Weihnachten und Ostern an einem Tag', dachte Lisa. Leider auch ebenso unwahrscheinlich.

Ärgerlich strich sie sich die widerspenstigen braunen Locken aus dem Gesicht. Zwei Dinge waren sonnenklar: Erstens spielte sie nur in ihren Semesterferien Reitlehrerin auf diesem Ponyhof und – genau genommen – gingen sie die finanziellen Probleme dort gar nichts an. Trotzdem, sie hatte den Stangehof und seine zwei- und vierbeinigen Bewohner inzwischen ziemlich ins Herz geschlossen. Und zweitens war dieses Rennen hier und heute für die Starter vom ‚Stangehof' nicht zu gewinnen.

Tja, wenn Ulli nicht so stur gewesen wäre, wenn die Tochter des Hauses als unangefochten beste Reiterin weit und breit sich hätte überreden lassen, auch das schnellste Pony zu reiten, dann hätte eine reelle Chance bestanden. Aber Ulli saß auf ihrem langweiligen Pony namens ‚GRETEL' (allein schon dieser furchtbare Name!) und die schnelle ‚TANJA' hatte unter dem schweren Klaus keine ernsthaften Erfolgsaussichten - fertig, Ende, aus.

Lisa versuchte, sich ihre Enttäuschung nicht anmerken zu lassen, als sie mit ihren drei Schützlingen noch einmal die Taktik im Rennen durchsprach. Auf dem großen Turnierplatz, wo das Ponyrennen ohne Sattel als beliebte Schaueinlage schon Tradition hatte, waren die Vorbereitungen bereits abgeschlossen. Rings um den Platz war mit auf dem Boden liegenden Stangen eine zehn Meter breite Ovalbahn ausgelegt worden. Die Regeln waren denkbar einfach: Die teilnehmenden Ponys - in diesem Jahr waren es fünfzehn - stellten sich dicht gedrängt in einer Reihe nebeneinander auf, und auf das Startkommando hin durften sie losfetzen. Wer als erster die Runde außenherum geschafft hatte, war Sieger - wer die Ovalbahn seitlich über die Stangen am Boden verließ, schied aus.

Unwillkürlich musste Lisa grinsen, als sie ihre drei Starter beobachtete. Größere Gegensätze hätte man sich nicht ausdenken können. Der lange, blonde Klaus saß auf der schnellen Dunkelfuchsstute ‚TANJA'. Sie war manchmal ein bisschen zickig und stur, aber das schnellste Pferd des ‚Stangehofes'. Wirklich schade, dass keiner der kleineren, leichteren Reiter sicher genug auf dem Pferderücken war, um so ein schnelles Rennen – noch dazu ohne Sattel - auf Tanja durchzustehen.

Der kleine dunkle Mario klemmte auf dem kleinen schwarzen Shetlandpony ‚MEPHISTO'. Wenn das Shetty losrannte, schien es tausend Beine zu haben. Es hatte nur einen kleinen, aber unausrottbaren Fehler - es wollte nicht der erste sein. ‚MEPHISTO' rannte mit Leidenschaft hinterher; sobald er an der Spitze war, schlug er einen Haken und schloss sich wieder hinten an. Auch Lisa war es nicht gelungen, dem Ponywallach während des intensiven Trainings diese Eigenheit abzugewöhnen.

Die drahtige, hellblonde Ulli benahm sich wie üblich überhaupt nicht mädchenhaft - wenn man einmal davon absah, dass sie mit einer wahren Affenliebe an ihrer ‚GRETEL' hing. Das hellbraune Pony war ja auch hübsch und nett, aber eben ein Dressurpony, nur knapp mittelgroß und nicht besonders schnell. Und dann noch das Fohlen bei Fuß! Die beiden würden vermutlich als Letzte das Ziel erreichen...

IM RENNEN

Da, die Aufforderung zum Start ertönte. Lisa fasste die widerspenstige ‚TANJA' an der Trense und schob sie in den Springplatz. Mehrere Helfer kümmerten sich um die Startaufstellung. Erstaunlich schnell kam das Kommando durch den Lautsprecher: „Auf die Plätze, fertig - los!"

Lisa spürte, wie ihr Herz klopfte und die Handflächen feucht wurden. 5000 Mark! Sie würde so gern mit dazu beitragen, dass der leicht heruntergekommene ‚Stangehof', in dem jede Mark zweimal herumgedreht werden musste, wieder bessere Zukunftsaussichten hatte. Warum musste diese Ulli...

Diese Ulli war bereits auf den drittletzten Platz zurückgefallen. ‚TANJA' hielt sich in der Spitzengruppe, dicht gefolgt von ‚MEPHISTO'. Direkt neben ‚TANJA' galoppierte mit mächtigen Sprüngen ein stabiler Schimmel, geritten von einem - wie Lisa bereits auf dem Abreiteplatz festgestellt hatte - äußerst ehrgeizigen Mädchen. Als Vorjahressiegerin war sie fest entschlossen, ihren früheren Erfolg zu wiederholen.

‚TANJA' passte ihr dabei nicht in den Kram. In unveränderter Position fegten der Schimmel und die Dunkelfuchsstute nebeneinander die Gegengerade entlang. Da, in der Kurve versuchte die Schimmelreiterin plötzlich ein waghalsiges Überholmanöver. Sie wollte ‚TANJA' den Weg abschneiden und drängte sich haarscharf innen vorbei. ‚TANJA' schlug aus, Klaus fiel auf den Hals und das Schimmelpony machte einen Satz zur Seite - über die Stangen der abgesperrten Bahn nach innen. Klaus rutschte im Zeitlupentempo vom Pferd. Die führungslose ‚TANJA' nahm sofort die Verfolgung des Schimmels quer über den Turnierplatz auf. Mario versuchte heldenhaft, ‚MEPHISTO' am Verlassen der Rennbahn zu hindern - umsonst. Das kleine schwarze Pony schlug einen Haken nach links, der Stallgefährtin hinterher.

Ausgeschieden, wie schon die beiden Ponys vor ihm! Lisa schossen die Tränen in die Augen und sie drehte sich um. Für den ‚Stangehof' war das Rennen gelaufen.

Dreißig Sekunden später wurde sie durch rhythmische Schreie aus ihrer Erstarrung geweckt: „Ulli, Ulli!" Das waren eindeutig die Ponykinder vom ‚Stangehof'. Lisa riss die Augen auf, um durch den Tränenschleier hindurch zu erkennen, was sich auf dem Turnierplatz abspielte.

Da, der Pulk der Ponys befand sich im Innern des Platzes - offensichtlich hatten auch alle anderen Ponys hinter der Spitzengruppe her die abgesteckte Bahn verlassen. Allesamt mussten sie nach den geltenden Regeln disqualifiziert werden – alle bis auf ‚GRETEL‘.

Ruhig und gehorsam galoppierte das Pony dahin, als wäre es auf dem Dressurviereck. Ungehindert von irgendeinem Konkurrenten näherten sich Ulli und ihre Stute der Ziellinie. Lisa sah sie näher kommen, hörte das Pony keuchen und Ulli mit leiser Stimme auf die Stute einreden: „Komm, gleich hast du es geschafft...“

Die Stimme des Ansagers überschlug sich beinahe.

„5000 Mark, meine Damen und Herren, für den Stall, aus dem unser Siegerpaar kommt - Ulrike Stange auf ‚GRETEL‘!“

Eine ganz gewöhnliche Reitstunde

Reitstunden im Schulbetrieb sehen – zumindest aus der Zuschauer-Perspektive betrachtet - oft ähnlich aus: Aufmarschieren, Lösen im Schritt in der Abteilung oder im Durcheinanderreiten, Leichttraben auf beiden Händen...
In Wirklichkeit ist jede Stunde ein unverwechselbares Ereignis – besonders, wenn man bedenkt, was den Beteiligten dabei so alles durch den Kopf geht!

Reitlehrer *(denkt leise)*: Schon wieder diese Vier-Uhr-Stunde! Es bleibt einem auch nichts erspart...

(sagt laut): Cordula, du nimmst mal den ‚MAX‘, Beatrix, den ‚DONNERWETTER‘, Peter, die ‚PARABEL‘ und Corinna, du wirst wohl diesmal dran glauben müssen und den ‚DIABOLO‘ besteigen. - Keine Widerrede! Jeder ist mal dran...

Corinna *(lautlos)*: Bloß nicht, bloß das nicht! Ausgerechnet heute, wo Peter dabei ist, soll ich mich dermaßen blamieren...

(laut): Aber ich hab die ganze Woche schon Rückenschmerzen und meine Mutter hat gesagt, wenn ich noch mal runterfliege...

Reitlehrer: Paperlapapp! Ich weiß ja, dass du die Hosen voll hast! Aber dafür besteht überhaupt kein Grund. Erstens war ,DIABOLO' heute schon draußen und zweitens brauchst du dich nur auf deinen Hintern zu setzen und zu reiten, weiter nichts!

Beatrix *(mit mühsam unterdrückter Schadenfreude)*: Ich hab ihn schließlich letztes Mal geritten!

Corinna: Halt doch bloß deine große Klappe!

Zwanzig Minuten später ist die Abteilung in der Halle aufmarschiert, fertig zum Aufsitzen

Reitlehrer: Ein bisschen plötzlich, meine Herrschaften, wenn ich bitten darf! Die Stunde hat schon seit fünf Minuten angefangen!

Corinna *(lautlos)*: Hoffentlich lässt er in der Abteilung reiten. Ich krieg den ,DIABOLO' sowieso nicht abgewendet. Und Angaloppieren tut er schon überhaupt nicht. Und wenn ich die Gerte nehme, dann fängt er an zu bocken. Warum muss er mir das antun, ausgerechnet heute?

Reitlehrer *(lautlos)*: Wenn ich mir dieses Häufchen Elend dahinten in der Ecke angucke, dann wird mir schon ganz anders. Das klappt garantiert nicht. Aber ich kann doch nicht wegen einer toten Hose die ganze Stunde nur Abteilung gehen lassen!

Also, wenn dieser Verein nicht bald imstande ist, eine Handvoll anständiger, brauchbarer Schulpferde anzuschaf-

fen, dann sollen sie sich jemand anderen suchen, der meinen Job übernimmt!

(laut): Wer fertig ist kann anreiten. Alles linke Hand, durcheinander reiten! Corinna, nimm die Zügel auf und zeig dem Pferd, was 'ne Harke ist! Der ‚DIABOLO' testet dich doch in den ersten fünf Minuten aus und wenn du ihm da nicht klarmachst, was Sache ist, dann hast du für den Rest der Stunde verloren!

Corinna *(lautlos)*: Lieber erstmal ganze Bahn! Ich weiß es, der geht garantiert nicht auf den Zirkel, ich weiß es einfach...

‚DIABOLO' *(lautlos)*: Na, wen haben wir denn da heute so? Jemand, den man ernst nehmen muss oder nicht? Gewicht? Stabil? Wackelt oder wackelt nicht? - Aha, wusst ich's doch, wackelt. Hinter der Bewegung, nennt der Reitlehrer das. Also, mehr als schlurfen ist nicht angesagt.

Reitlehrer: Vorwärts, Corinna, wend mal ab auf den Zirkel!

Corinna *(mit zusammengebissenen Zähnen)*: Ich versuch's ja!

‚DIABOLO' *(lautlos)*: Aha, abwenden! Ist ja interessant. Gewichtsverlagerung? Na ja!

Innerer Zügel! Also ziehen können sie alle! Warum lässt die bloß nicht wieder los? Das haben wir gleich...

Reitlehrer: Äußere Hilfen, Mensch, Corinna!

Äußerer Zügel, äußeres Bein! Du musst das Pferd einrahmen, sonst bricht es halt über die äußere Schulter aus!

‚DIABOLO' *(lautlos)*: Todsicherer Trick, was!

Corinna *(leise)*: Ich habs ja gleich gewusst, ich schaff's einfach nicht!

‚DIABOLO': Die hat die Waffen gestreckt. Das ging aber

schnell. Gar keine richtige Herausforderung für mich! Was könnte ich mir denn jetzt noch einfallen lassen, damit die Stunde einigermaßen interessant wird?

Reitlehrer: Jetzt hör doch nicht auf zu reiten, verdammt noch mal! Nimm dir ein Beispiel an den anderen! Schau doch mal, wie zum Beispiel der Peter das macht, der sitzt einfach auf seinem Hintern in der Wendung und der braucht noch nicht einmal die Zügel aufzunehmen...

Corinna *(halblaut)*: Auf der ‚Parabel' könnte ich das auch!

Reitlehrer *(lautlos)*: Vermutlich hat sie sogar recht... *(laut)*: Hättste, wennste, könnste... nicht reden, sondern reiten! Antraben!

Corinna *(lautlos)*: Und was für ein Gesicht dieser Peter macht! Bestimmt denkt der jetzt, ich könnte überhaupt nicht reiten und gönnt mir überhaupt keinen Blick mehr...

‚Diabolo' *(lautlos)*: Aha, man ist offenbar nicht bei der Sache. Das trifft sich gut! Mit dieser blöden schwarzen Stute hab ich sowieso noch ein Hühnchen zu rupfen! (pirscht sich an ‚Parabel' heran)

Reitlehrer: Corinna, pass auf, um Himmels Willen! Beinahe hätte dein Pferd 'ne Keilerei angefangen. Also, so geht das einfach nicht... Peter, grins nicht so.

Das haben wir gleich! Corinna und Peter, kommt mal in die Mitte und tauscht die Pferde...

Peter *(mit mühsam unterdrückter Enttäuschung)*: Muss das sein?

Corinna *(begeistert)*: Au ja!

‚Diabolo': Jammerschade. Aber vielleicht ist dieser Knabe eine bessere Herausforderung?

Reitlehrer: Corinna, jetzt leg endlich los und trab an!

Die ‚PARABEL' wirst du ja wohl noch reiten können! Und Peter, nimm mal die Gerte nach außen an die Schulter und setz sie ein, wenn das Viech sich nicht auf den Zirkel abwenden lässt. Jetzt komm endlich vom Hufschlag weg, aber flott, wenn ich bitten darf!

‚DIABOLO': Die Tonart kann ich nicht leiden. Und diesen Reitschüler auch nicht. Der wagt es doch tatsächlich, mich mit der Gerte zu traktieren! Dem werd ich's zeigen! *(Bockt los und wirft Peter ab, tobt anschließend durch die Halle).*

Corinna *(schüchtern)*: He, Peter, hast du dir was getan?

Peter *(rappelt sich auf)*: Nee, zum Glück nicht.

Reitlehrer: Nein? Dann fang dies Mistvieh wieder ein, worauf wartest du denn noch?

(Peter setzt sich zögernd in Bewegung; nach einigem Hin und Her lässt sich ‚DIABOLO' am Zügel greifen.)

Reitlehrer: Na los, bring ihn schon her, dann setze ich mich halt mal fünf Minuten drauf!

‚DIABOLO': Oh - da habe ich es wohl mal wieder übertrieben. Diesen Typ hatte ich schon mal auf meinem Rücken, kein Bedarf an einer Wiederholung...

Peter: Vielleicht können Sie mir einmal zeigen, wie Sie das Pferd auf den Zirkel abwenden? Ich weiß einfach nicht, wie ich das hinkriegen soll!

Reitlehrer *(laut)*: Bin schon dabei!

(Lautlos): Der soll bloß mal seine Faxen machen, dann wird er sein blaues Wunder erleben!

‚DIABOLO': Wie heißt es doch bei den Zweibeinern? ‚Der Klügere gibt nach!' Ich will schließlich keinen unnötigen Stress. *(Kippt im Genick ab, stellt sich an den Zügel und wendet auf eine tadellose Zirkellinie ab).*

Reitlehrer: Mit den inneren Hilfen abwenden, mit den äußeren Hilfen einrahmen - und wo ist bitte das Problem? Da kann ich ja absteigen und meinen Butler reiten lassen! *(Trabt und galoppiert rechte und linke Hand auf dem Zirkel, das Pferd geht anstandslos am Zügel).*

Ich weiß wirklich nicht, was ihr auf den Pferden immer macht!

,DIABOLO': Wenn du wüsstest, wie meine Tricks bei anderen ankommen...

Peter *(verlegen grinsend)*: He, Corinna, wie wär's, wir gründen einen Club? Einen Namen hab ich schon: ,Club der hoffnungslosen Fälle'!

Das Streichergebnis

Erwachsene haben gut reden. Die Eltern von Sabine versuchen, ihr den Umzug vom Land in die Stadt schmackhaft zu machen. Für Sabine heißt das vor allem: Sie muss sich von ihren Freundinnen trennen und ihr heiß geliebtes Pflegepferd aufgeben. Zum Trost darf sie sich in der Stadt einen neuen Reitstall suchen. Es wird gar nicht lange dauern, bis sie sich dort wie zu Hause fühlt, meinen ihre Eltern. Aber weit gefehlt...

IN DIE STADT

„Sabine, kannst du bitte mal runterkommen? Wir möchten etwas mit dir besprechen."

Wie ich solche Ankündigungen von meiner Mutter hasse! Offizielle Gespräche verheißen zu 99 Prozent etwas Unangenehmes. Und wenn es dann auch noch „wir" heißt, also meine Eltern gemeinsam auftreten, dann ist das die absolute Steigerung. Das bedeutet ‚Ernstfall' und verheißt in der Regel nichts Gutes. So auch in diesem Fall.

„Wir möchten dir etwas sagen. Wir – das heißt, dein

Vater und ich, haben beschlossen, in die Stadt zu ziehen."

„Was?" Ich traute meinen Ohren nicht. Meine Mutter holte zu einer längeren Erklärung aus.

„Wir sind damals aufs Land gezogen, weil wir dachten, dass Kinder hier besser aufwachsen können."

„Ja, und – bin ich vielleicht nicht gut aufgewachsen hier?"

Schließlich hatte ich meine bisherigen vierzehn Lebensjahre hier verbracht und das einigermaßen gern.

„Doch, natürlich, aber wir haben uns ja auch vorgestellt, gleich eine ganze Schar Kinder zu haben."

Ein wunder Punkt meiner Mutter, dass ich ein Einzelkind geblieben war. Und ein Thema, zu dem man am besten schwieg, wie ich aus Erfahrung wusste.

Jetzt mischt sich auch noch mein Vater ein, der normalerweise Gesprächen in der Familienrunde lieber aus dem Weg ging.

„Für mich wird die Fahrerei ins Büro immer mühsamer. In den letzten Jahren hat der Berufsverkehr enorm zugenommen, und ich brauche oft länger als eine Dreiviertelstunde für einen Weg."

Dagegen war leider nichts einzuwenden. Jetzt ergriff meine Mutter wieder das Wort.

„Nach den Sommerferien möchte ich wieder arbeiten gehen. Ich habe das Angebot für eine Halbtagsstelle in einem Büro in der Innenstadt. Aber das würde sich zeitlich nur lohnen, wenn wir näher am Arbeitsplatz wohnen könnten. Außerdem", – sie fixierte mich mit dem liebevollen Mutterblick, den ich ziemlich schlecht leiden kann, weil dagegen einfach kein Argument gewachsen ist – „könntest du in der Stadt eine bessere Schule besuchen, viel einfacher

Freundinnen finden und auch mal allein in die Tanzstunde
oder ins Kino gehen."

„Ich will nicht in die Tanzstunde oder ins Kino. Ich will
überhaupt nicht weg und das wisst ihr ganz genau! Erstens
habe ich Freundinnen und zweitens kann ich doch meinen
‚DONNERWETTER' nicht im Stich lassen."

‚DONNER', wie ich ihn nannte, war mein Pflegepferd, ein
alter Vollblutwallach, den ich über alles liebte. Er hatte mir
das Reiten beigebracht – und ich kümmerte mich in jeder
freien Minute um ihn.

„In der Stadt gibt es mehrere Reitställe. Ich verspreche
dir, das wir als Erstes zusammen alle Ställe und Vereine
abklappern! Du kannst dir selbst aussuchen, wo du reiten
möchtest. Da wirst du doch bestimmt etwas Passendes finden!"

„Das könnt ihr doch nicht machen, einfach so, ohne
mich zu fragen! Ich will hier nicht weg, ich habe hier meine
Freunde, ich habe den Reiterverein und ich habe ‚DONNER'
– das könnt ihr mir doch nicht alles einfach wegnehmen!"

„Sei vernünftig, Sabine!" Die Tonart meines Vaters hieß
so viel wie: ‚Widerspruch zwecklos'. „Wir haben eine
schöne Wohnung mit Garten in der Stadt gefunden. In vier
Wochen ziehen wir um."

Ich sprang auf, floh die Treppe hinauf in mein Zimmer,
knallte die Tür hinter mir zu und warf mich heulend aufs
Bett.

„MENSCH, PASS' DOCH AUF!"

„Wo ist meine blaue Reithose?"

Meine Mutter tauchte aus einem Umzugskarton auf und
zog beide Schultern in die Höhe.

„Tut mir Leid, Sabine, ich weiß wirklich nicht, wo die abgeblieben ist. Zieh halt deine schwarze an."

Das fing ja so richtig gut an. Heute sollte meine erste Reitstunde im neuen Reiterverein sein, den ich mir ausgesucht hatte, und ich hatte noch nicht einmal meine gute Ganzlederreithose an, ein Weihnachtsgeschenk meiner großzügigen Omi. Stattdessen quälte ich mich in die zu enge schwarz gerippte Nylonhose und fluchte vor mich hin.

„Scheiß Umzug!" – wohlweislich so leise, dass meine Mutter es nicht hörte.

Wenn ich gewusst hätte, was an weiteren Erlebnissen auf mich wartete, wäre ich ganz bestimmt zu Hause geblieben...

Als neuen Reiterverein hatte ich mir den Stall Kommer ausgesucht, eine gepflegte Reitanlage am Stadtrand, für mich gut mit der Straßenbahn zu erreichen. Hier hatte mir die Unterbringung der Pferde am besten gefallen und der Unterricht von Reitlehrer Kommer, der sich mit den Schulpferden offenbar viel Mühe gab. Und er schien mir nett und gerecht zu sein – und nicht nur zu brüllen. Was mir besonders gefiel, war die Tatsache, dass er offenbar nicht nur die besten Reiter bevorzugte. Er kümmerte sich ganz besonders um die Schwächeren in der Gruppe.

Bei meinem ersten Besuch im Stall Kommer hatte ich viele Jugendliche in meinem Alter gesehen, die sich im Stall nützlich machten und mit den Pferden beschäftigten. Ich hatte davon geträumt, wie es wäre, hier dazuzugehören – und mich damit in Gedanken ein kleines bisschen über den Verlust von ‚DONNER' hinweggetröstet.

Vor der Reitstunde teilte Herr Kommer die Pferde ein. Ich sollte ein Tier namens ‚WALDFEE' reiten. Auf der Suche nach der Stute lief ich durch den Stall. Plötzlich öffnete sich eine Boxentür, und ein blondgelocktes Mädchen kam mir entgegen, das einen hübschen Braunen führte, vielmehr versuchte, ihn nur mit einem Arm um die Nase zu bändigen. Halfter oder Trense hielt sie offensichtlich beim Pferdeführen für entbehrlich. Weiter hinten im Stall fiel scheppernd eine Schaufel zu Boden und der Braune machte einen Satz. Das Mädchen stolperte und wäre beinahe direkt vor meine Füße gefallen.

Ich weiß nicht, wer von uns beiden mehr erschrocken ist. Aber ich war es, die als Erste die Sprache wiederfand und das fremde Mädchen anfuhr: „Mensch, pass' doch auf, das ist doch gefährlich, du hast ja so gar keine Kontrolle über das Pferd!"

Diesen Kommentar hätte sie mir vielleicht noch verziehen, wäre nicht Herr Kommer ausgerechnet im dem Augenblick in den Stall gekommen. Alarmiert durch meine Worte, stiefelte er mit Riesenschritten auf das Mädchen zu. Sie versuche, dem Pferd pflichtschuldigst ein Halfter überzustreifen, aber die Situation war offensichtlich.

„Nadine, was machst du denn da für einen Mist? Hältst du dich jetzt für eine Pferdeflüsterin?" fuhr er sie wütend an. Die Standpauke, die sie sich anschließend anhören musste, war beachtlich. Aber am schlimmsten für sie waren wohl die Lacher der anderen Reitschüler, als das Stichwort ‚Pferdeflüsterin' gefallen war.

Eigentlich dachte ich, dass Nadine einen Fehler gemacht hätte. Aber sie sah die Sache wohl anders: Mein Fehler war es gewesen, nicht den Mund zu halten.

Dazu hatte ich in den folgenden Wochen aber über-reichlich Gelegenheit. Als hätten sie sich abgesprochen, redeten die übrigen Jugendlichen nicht mit mir. Ich bekam allerhöchstens ein knappes „Hallo" zur Begrüßung oder eine äußerst einsilbige Antwort auf meine Fragen - und das auch nur, wenn Herr Kommer in Hörweite war. Niemand sprach mich an oder erzählte mir etwas, fragte mich nach meiner Meinung, bot mir Hilfe an oder lud mich gar zu gemeinschaftlichen Aktivitäten ein. Ich war isoliert, bevor ich noch eine Chance gehabt hatte, dazuzugehören.

Wer hat das kleine Reitabzeichen?

Drei Wochen später las ich einen Aushang am schwar-zen Brett: „Am Donnerstag um 18 Uhr Jugendversamm-lung, bitte möglichst vollständig erscheinen!"

Ich überlegte hin und her, ob das auch mich anging. Schließlich hatte ich am Donnerstag sowieso Reitstunde, da war es kein Problem für mich, länger zu bleiben. Na ja, schlechter konnte es für mich hier schließlich nicht werden – diese Überlegung gab den Ausschlag.

Am besagten Donnerstag ging ich mit den übrigen Reit-schülern oder vielmehr überwiegend Schülerinnen in den Jugendraum und setzte mich unauffällig in die hintere Reihe. Herr Kommer trat ein und schwenkte ein paar Unter-lagen.

„Sonja, Ulrike, Nadine - ihr drei habt das Kleine Reitab-zeichen. Sonst noch jemand?"

Er sah sich fragend im Jugendraum um und unwillkür-lich verfolgte ich seine Blicke. Die zwanzig jugendlichen Reitschüler, die sich zur Besprechung zusammengefunden

hatten, schwiegen wie auf Verabredung. Alle starrten auf den Boden, kein weiterer Arm hob sich.

Herr Kommer schob unwillig die vor ihm liegenden Unterlagen zur Seite. „Zu schade, dass wir unseren nächsten Abzeichenlehrgang erst in den Pfingstferien angesetzt haben. Dann können wir uns diesmal nicht am Städtevergleichskampf beteiligen!"

Nadine, offenbar die Wortführerin der Reiterjugend im Stall Kommer, fuhr empört auf: „Wieso denn nicht? Wir haben doch jedes Jahr eine Mannschaft aufgestellt!"

Selbst als Neuling im Stall Kommer hatte ich schon mitbekommen, dass dieser Vergleichskampf unter den Jugendlichen als der Höhepunkt des Reiterjahres gehandelt wurde. Es gab auf diesem Turnier eine Reihe von Prüfungen, die ausschließlich Schulpferden vorbehalten waren - die beste Gelegenheit für Leute ohne eigenes Pferd, auch mal eine Turnierschleife zu ergattern.

Reitlehrer Kommer schwenkte missmutig ein Blatt Papier: „In diesem Jahr gibt es eine neue Ausschreibung. Für die Teilnahme an der Mannschaftsdressur der Klasse A wird das kleine bronzene Reitabzeichen vorausgesetzt."

„Aber wir haben doch genug Leute, die eine A-Aufgabe auch ohne das Abzeichen schaffen!" protestierte Nadine. Sie ließ nicht locker, was mich nicht gerade verwunderte. Ich hatte ja selbst schon eine Kostprobe ihrer Hartnäckigkeit zu spüren bekommen.

„Egal", sagte der Reitlehrer in ziemlich abschließendem Ton, „die Ausschreibung gilt für alle. Nichts zu machen, damit ist der Vergleichskampf für uns gestorben. Ja, wenn Frank nicht gerade im Krankenhaus wäre..."

Die Erwähnung des ominösen Franks löste ein teilnehmendes Seufzen bei etlichen Mädchen aus. Ich fragte mich einen Moment lang neugierig, ob ich diesen Wunderknaben wohl auch einmal zu Gesicht bekommen würde. Das musste ja ein toller Typ sein...

Die ersten Mädchen standen auf, um den Raum zu verlassen. Zögernd streckte ich meine Hand in die Höhe. Herr Kommer musterte mich mit zusammengezogenen Augenbrauen und fragte: „Na, Sabine, was gibt's noch so Wichtiges?"

Ich bin ziemlich allergisch gegen ironische Erwachsene. Sie bringen mich leider leicht aus der Fassung. Trotzdem bemühte ich mich um einen ganz sachlichen Ton: „Ich habe das Kleine Reitabzeichen."

Die Überraschung war gelungen. Achtzehn weibliche und zwei männliche Augenpaare musterten mich mit Erstaunen oder Skepsis. So richtig erfreut sah keiner aus. Denn auf der Beliebtheitsskala unter den jugendlichen Schulreitern nahm ich so ungefähr den ersten Platz ein - vom unteren Ende her gesehen. Schließlich hatte ich meinen Einstand gründlich verpatzt. Ob es tatsächlich eine gute Idee war, den Besitz des Reitabzeichens zuzugeben?

Herr Kommer sah überrascht auf: „Wo hast du das Abzeichen denn gemacht?"

„In Marbach, in den letzten Sommerferien."

„Gut", Herr Kommer nickte zufrieden. „Dann hätten wir das Problem ja doch noch gelöst. Sabine kann starten. Nadine, du weißt, welche vier Pferde die A-Dressur gehen können, übernimm du die Einteilung. Am Donnerstag trainieren wir."

AUSGERECHNET ‚CAESAR'

Mein gedämpfter Optimismus hielt genau bis zum Donnerstag an. Als ich feststellte, dass mir ausgerechnet ‚CAESAR' als Reitpferd zugeteilt worden war, hätte ich am liebsten auf dem Absatz kehrtgemacht. Zugegeben, der knochige Fuchs ist kein übles Pferd. Aber dafür eines von der Sorte, die mir einfach überhaupt nicht liegt: ein alter, großer, steifer Wallach, der zwar alle A-Lektionen korrekt beherrscht, aber dafür faul ist, schwer zu sitzen und schwierig zur Mitarbeit zu motivieren.

Jedenfalls für mich. Denn ich bin für meine fünfzehn Jahre eher klein - und bei meinen 1,55 Meter Größe und einem Gewicht von 45 Kilogramm fühle ich mich auf ganz anderen Pferden wohl. Zum Beispiel auf der zierlichen Vollblutstute ‚NONJA' - auf der hätte ich bestimmt ein besseres Bild abgegeben. Sie war mein heimlicher Liebling hier im Stall, obwohl ich sie noch nie hatte reiten dürfen.

Offenbar hatte ‚NONJA' noch mehr Fans. Nadine hatte die bildhübsche Rappstute für sich selbst ausgesucht. In der A-Dressur ging ‚NONJA' - natürlich - an der Spitze der Abteilung, und ich ritt im wahrsten Sinne des Wortes als letzte hinterher. Im Trab kam ich kaum mit, im Mitteltrab überhaupt nicht. Dafür fiel mir ‚CAESAR' regelmäßig im Galopp aus, denn Nadine ritt für meine Begriffe fast im versammelten Tempo. So sehr konnte ich ‚CAESAR' nicht zusammenhalten; ich musste ja schon froh sein, wenn er leidlich in Anlehnung ging; „durchs Genick" konnte man seine Halshaltung wohl kaum nennen.

Dass Herr Kommer Nadine ziemlich aufs Korn nahm, mich dafür eher lobte und ermutigte, war nur ein schwacher Trost.

„Reite nicht so rücksichtslos", herrschte er Nadine an, du bist nicht allein in der Bahn! Ihr reitet eine Mannschaftsaufgabe, da musst du dich im Tempo nach den anderen richten!"

Diese mehr als entmutigende Reitstunde hatte eigentlich schon ausgereicht, um mir die Laune gründlich zu verderben. Aber damit nicht genug. Zum krönenden Abschluss dieses Tages hörte ich ein Gespräch in der Sattelkammer mit, das eigentlich nicht für meine Ohren bestimmt war. Nadine beschwerte sich bei Sonja und Ulrike, die ebenfalls mit zur Mannschaft gehörten, lautstark über Herrn Kommer.

„Ich mache mich doch nicht wegen dieser Sabine zum Affen! Soll sie doch sehen, wo sie bleibt, sie wird sowieso das Streichergebnis. Wenn ich ein paar Höhepunkte herausreite, dann ist es auch egal, wenn die Mannschaftsnote nicht so gut ausfällt, die zählt sowieso nur einfach zum Gesamtergebnis."

EINE VERSAMMLUNG VON EINZELKÄMPFERN

Irgendwie hatte ich keine Lust darauf, das Streichergebnis zu sein. Verbissen ritt ich ‚CAESAR' nicht nur beim Mannschaftstraining, sondern in jeder anderen Reitstunde. Zwar machte ich kleine Fortschritte auf ihm, aber ein Durchbruch in Sachen Durchlässigkeit war nicht in Sicht. Immer wieder zermarterte ich mir den Kopf darüber, wie ich meinen Kopf aus der Schlinge ziehen könnte, ohne die Mannschaft einfach platzen zu lassen, aber es wollte mir nichts einfallen - bis zu dem Tag, an dem ich den ominösen Frank kennen lernte.

Er entpuppte sich als unverschämt gut aussehender, noch dazu freundlich lächelnder Junge, der auf Krücken im Reitstall erschien. Er war schätzungsweise siebzehn und sah so aus wie der Schwarm aller Mädchen persönlich. Ich starrte ihn an wie das achte Weltwunder und er begann zu lachen.

„He, dich kenne ich ja noch gar nicht, bist du neu hier?" So kamen wir ins Gespräch und mir wurde bald klar, dass Frank nicht nur gut aussah, sondern auch noch gut reiten konnte. Er war wohl in jeder Hinsicht der Star des Stalles Kommer. Eine Knieoperation hatte ihn für eine Weile lahm gelegt. Aber in vierzehn Tagen, so versicherte er mir vergnügt, wäre er Verband und Krücken endgültig los. Ich rechnete heimlich. Noch siebzehn Tage bis zum Städtevergleichskampf...

Eine halbe Stunde später saß ich Herrn Kommer in seinem Büro gegenüber und schlug ihm vor, Frank an meiner Stelle beim Städtevergleichskampf starten zu lassen.

„Ich packe ‚CAESAR' nicht so, wie es sein müsste", sagte ich. Für die Mannschaft wäre es besser, wenn ein stärkerer Reiter auf ihm sitzt."

„Welches Pferd würde dir denn liegen?" fragte Herr Kommer. „‚NONJA'", platzte ich heraus und fügte dann schnell hinzu: „Sagen Sie das bloß Nadine nicht!"

Herr Kommer warf mir einen merkwürdigen Blick zu. „Wir sprechen noch über die Sache!", war sein abschließender Kommentar.

In der nachfolgenden Reitstunde ritt ich wie im Traum. Ich saß auf ‚NONJA' und hatte das Gefühl, endlich ‚mein' Pferd gefunden zu haben. Nur schemenhaft nahm ich Nadine wahr, die mit zusammengekniffenen Augen an der

Bande stand und in die Bahn starrte.

Ich hätte so gern ein Lob von Herrn Kommer gehört. Aber nach der Stunde warf er mir nur ein knappes „bis Donnerstag!" zu. Donnerstag hieß Training für den Vergleichskampf. Hatte ich denn nicht deutlich gemacht, dass ich damit gar nichts mehr zu tun haben wollte? Sollte ich mich nun freuen oder ärgern?

Zu Beginn der nächsten Trainingsstunde ließ uns Herr Kommer aufmarschieren und hielt uns eine kurze, aber nachdrückliche Standpauke.

„Ich schaue mir das jetzt seit drei Wochen an", sagte er. „Ihr habt genauso gut wie ich gemerkt, dass unsere Mannschaft so nicht funktioniert. Ich spare mir lange Erklärungen - nach der letzten Reitstunde", - er warf einen Blick in meine Richtung, - „ist hier wohl jedem klar, worum es geht. Bisher sind wir immer als Mannschaft und nicht als Versammlung von Einzelkämpfern auf den Vergleichskampf gefahren. Wenn ihr als Mannschaft eine Chance haben wollt, müssen Sabine und Nadine die Pferde tauschen."

Nadine wurde rot wie eine Tomate, ich vermutlich blass wie ein Handtuch. Das war zwar nett gemeint von Herrn Kommer, aber vermutlich das Ende meiner Karriere hier im Stall. Jetzt würde wohl niemand mehr auch nur ein Wort mit mir reden...

„Sabine drängt sich hier rein und will dann auch noch das beste Pferd. Das ist nicht fair!", stieß Nadine hervor. „Mit ,CAESAR' habe ich keine Chance in der Einzelwertung."

„Ah, die Einzelwertung", wiederholte der Reitlehrer. Es klang mal wieder ironisch. "Ist das dein letztes Wort, Nadine?"

„Ja!", zischte sie.

Herr Kommer drehte sich weg und sagte im Umdrehen: „Sabine wollte übrigens zugunsten von Frank auf einen Start verzichten, damit die Mannschaft bessere Chancen hat. Es war meine Idee, dass sie ‚NONJA' reiten sollte."

Alle schwiegen peinlich berührt. Die A-Dressur klappte an diesem Nachmittag schlechter als zuvor: Nadine zog sich mit ‚NONJA' regelrecht fest, und ich fühlte mich auf ‚CAESAR' mehr als je zuvor wie der berüchtigte Klecks Butter auf der heißen Kartoffel.

EIN NEUES PFERD?

Nichts änderte sich, bis der Tag des Vergleichskampfes angebrochen war. Zu allem Überfluss regnete es am Morgen in Strömen. Herr Kommer bestellte uns schon früh in den Stall. „Wir reiten die Pferd hier bei uns in der Halle ab", entschied er. Im Nachbarstall, wo der Vergleichskampf stattfinden sollte, stand nur ein Außenplatz zum Abreiten zur Verfügung. Da würden wir bis auf die Haut nass werden, bevor wir an den Start gehen konnten.

Als ich ‚CAESAR' satteln wollte, fand ich zu meinem Erstaunen ein leere Box vor. Ich ging in die Reithalle, um Herrn Kommer zu suchen, und da sah ich ihn in der Halle stehen. Er ließ einen großen Fuchswallach an der Doppellonge gehen. Es war ein Pferd, das ich noch nie gesehen hatte. Wie es sich bewegen konnte! Ich starrte fasziniert in die Bahn, sah den Fuchs locker über den Rücken in die Tiefe traben, bei der nächsten Runde mühelos zulegen, später rund und ausbalanciert galoppieren. Wenn ich so ein Pferd mal reiten dürfte...

Herr Kommer sah auf.

„Ach, Sabine, du hast sicher nach ‚CAESAR' gesucht!" Sein

Blick streifte das Pferd an der Longe mit sichtlicher Genugtuung. "Du hattest doch nichts dagegen?"

„Ich - äh..." Ich klappte den Mund auf und wieder zu. Das war ‚CAESAR'? Dieses lockere Energiebündel, das sich gerade eben so mühelos und elegant bewegt hatte? Träumte ich oder gab es solche Wunder in Wirklichkeit? Stumm bat ich den Wallach um Verzeihung. Ich hatte ihn einfach nicht wiedererkannt.

„He, guten Morgen, ich wollte dir persönlich die Daumen drücken!" Das war Frank, ohne Krücken und mit einem breiten Grinsen in seinem viel zu gut aussehenden Gesicht.

War wirklich ich gemeint? Zu meinem Schrecken hätte ich beinahe zu heulen angefangen. Zwei freundliche Leute an diesem Morgen - das war zu viel für meine Fassung.

Anderthalb Stunden später saß ich auf ‚CAESAR' und fühlte mich immer noch im Traum. Das war nicht das Pferd, das ich kannte, es war ein völlig neues, anderes Pferd. Es ging weich und schwungvoll, gehorsam und durchlässig. Kein Problem mit den Verstärkungen, kein Problem mit dem Galopptempo, überhaupt keine Probleme. Und ich wusste: Ich würde nicht das Streichergebnis liefern. Aber komischerweise war mir das plötzlich gar nicht mehr wichtig...

Und zwei Stunden später tönte es durch den Lautsprecher: „Sieger im diesjährigen Städtevergleichskampf wurde - die Mannschaft des Reitstalles Kommer..."

Ein paar höchst überflüssige Tränen stahlen sich in meine Augen, während ich zur Aufstellung nach vorn ritt. Es war alles gut gegangen. Vielleicht würden jetzt für mich

bessere Zeiten anbrechen im Stall. Vielleicht würde ich endlich dazugehören... Noch nie hatte ich mich über einen Tur-
niererfolg so gefreut wie über diese goldene Schleife!

Mein Name, der ein zweites Mal aus dem Lautsprecher
tönte, riss mich aus meinen Träumen. Ich sah auf. Die Siegerin in der Einzelwertung war schon nach vorn geritten
und jetzt war offensichtlich ich an der Reihe. Zweite in der
Einzelwertung... Das konnte einfach nicht wahr sein. Wie

auf Wolken schwebte ich zur Aufstellung in die vorderste Reihe. „Ebenfalls auf dem zweiten Platz: Nadine Olfinger auf ‚Nonja‘." Nadine rückte neben mich.

„He", sprach sie mich mit rauer Stimme an, „ich gratuliere dir, du bist super geritten." Und ganz leise, sodass nur ich es hören konnte, fügte sie hinzu: „Ich muss mich wohl bei dir entschuldigen. Sei nicht sauer auf mich, ja?"

Sauer? Ich grinste von einem Ohr zum anderen. Gab es hier jemanden, der Grund hatte, sauer zu sein? Ich war es nicht, ich ganz bestimmt nicht.

Pferd oder Freund

Viele, viele Mädchen lernen reiten und viele von ihnen hören damit wieder auf. Muss das sein? Tatsache ist: Frau hat's leicht, solange das Pferd ungeteilten Anspruch auf ihre Zuwendung erheben kann. Stellt ein männliches Wesen vergleichbar intensive Ansprüche, wird es schon schwieriger.
Theoretisch sind drei Möglichkeiten denkbar:
Der Freund reitet nicht – Der nicht reitende Freund lernt reiten – Der Freund reitet (gut).
Die Betroffenen erzählen der besten Freundin oder dem besten Freund:

DER NICHT REITENDE FREUND

Sie: In guten Zeiten, wenn die Sonne scheint und die Leute es toll finden, dass er eine reitende Freundin hat, dann ist ‚PRINZESSIN' „unser" Pferd. Dafür trägt er ein Foto von mir und ‚PRINZESSIN' in der Brieftasche herum.

Sollte es allerdings regnen, frieren, am Vorabend spät geworden sein oder irgendwelche Kumpels finden reiten unsagbar out, dann ist ‚PRINZESSIN' „mein" Pferd.

Ob er je kapiert, dass man Verantwortung für ein Pferd nicht an- und abstellen kann wie seinen heiß geliebten PC?

Wenn da etwas dran ist, dann ist der Abend gelaufen, na klar. Immer fehlt nämlich nur noch eine entscheidende Tastenkombination - und das bis zum Morgengrauen. Nichts kommt gegen dieses Gerät an!

Aber wenn ‚PRINZESSIN' einmal am 23. Dezember eine Kolik hat und wir deswegen an Weihnachen natürlich nicht zu seinen Eltern fahren können, dann kriege ich das monatelang vorgehalten.

Überhaupt, er ist ziemlich nachtragend geworden. Ein einziges Mal habe ich in seinem heiligen Auto Pferdemist transportiert; schließlich habe ich dafür zwei Säcke Mohrrüben eingetauscht. Als ob Pferdemist stinken würde - ich finde, Motoröl stinkt! Und dann hat er doch allen Ernstes gemeckert, weil die Winterdecke von Prinzessin noch im Kofferraum liegt, dabei bin ich halt nur noch nicht dazu gekommen, sie im Reitsportgeschäft zum Reinigen abzugeben.

Außerdem, wozu soll ein Auto denn schon gut sein, wenn nicht zum Benutzen? Ich jedenfalls würde mich nicht so anstellen, wenn ich eines hätte - aber ich kann mir halt momentan keines leisten, weil das neben dem Unterhalt für ein Pferd nicht drin ist.

Für ein Lebewesen muss man halt Opfer bringen, das ist doch sonnenklar.

Ich kann doch die ‚PRINZESSIN' nicht einfach wochenlang in der Box lassen oder hinter Stracheldraht stellen, bloß, damit wir in Urlaub fahren können! Und irgendjemandem kann ich sie auch nicht gerade so in die Hand geben. Schließlich handelt es sich um eine ziemlich anspruchsvolle Trakehnerstute und nicht um ein Schaukelpferd.

Normalerweise kümmere ich mich jeden Abend um

mein Pferd, darüber hatten wir schon genug Diskussionen. Was ist schon Kneipe oder Kino dagegen? Da kann ich bis zum Wochenende glatt drauf verzichten.

Wenn er sich langweilt, kann er ja mitkommen und zuschauen. Außerdem muss die Box ausgeäppelt werden, und er könnte den Futtersack mal aus dem Kofferraum in die Futterkammer tragen. Aber komisch, wenn es um Arbeit im Pferdestall geht, stellen sich die meisten Männer plötzlich ziemlich dumm an...

Aber er kommt sowieso nur alle Jubeljahre mal mit, stöhnt dann auch noch, dass es zu heiß, zu kalt oder zu langweilig ist. Und wenn sie auf der Koppel steht, verwechselt er zu allem Überfluss meine edle Trakehnerstute mit einem blöden alten Schulpony. Aber von jedem dämlichen Rennrad kann er einem auf zwanzig Meter Entfernung die Marke sagen!

Ich glaube, manchmal ist er regelrecht eifersüchtig auf mein Pferd. So was Blödes! Schließlich ist er mein Freund und ich bin ihm bedingungslos treu, oder?

Er: Reiter sind die besseren Menschen. Seit ich eine reitende Freundin habe, komme ich mir nur noch wie ein Mensch zweiter Klasse vor. Wenn ich mal Sport treibe, dann mache ich das natürlich zu meinem eigenen Vergnügen - Reiter dagegen tun dabei irgendwas Großartiges für ihr Pferd und tragen endlose Verantwortung für dessen Wohlergehen.

Jeden Abend, den Gott werden lässt, muss dieses Pferd stundenlang geritten und versorgt werden, und ich kann unterdessen abwechselnd an Hunger, Einsamkeit oder Langeweile eingehen.

Neulich wollte ich meinen guten Willen unter Beweis stellen und schon mal was kochen, aber im Kühlschrank fanden sich genau ein Beutel Mohrrüben und sechs Äpfel. Extra eingekauft für das Pferd - aber kein Gemüse, nicht mal ein Zipfelchen Wurst, kein bisschen Käse oder irgendetwas anderes Essbares für uns!

Meine Gegenwehr hat nicht die geringste Chance. Ich kann Sport treiben, wann und wie ich will - Reiter müssen. Und ihre Partner müssen das einsehen.

Anfangs fand ich das Pferd, diese ‚PRINZESSIN', eigentlich ganz nett. Obwohl so ein Pferd ja schon ziemlich groß ist, nach allen Seiten steil abfällt, vorne beißen und in jede Richtung schlagen kann - aber das habe ich natürlich nicht gesagt, da wäre ich gleich unten durch.

Aber inzwischen investiert sie eindeutig mehr Zeit, mehr Geld und mehr Zuwendung in die Beziehung zu ihrem Pferd als in die Beziehung zu mir.

Von meinem Auto will ich gar nicht reden. Sie hat glatt einen fahrbaren Stall daraus gemacht. Ich geniere mich wirklich, einen von meinen Freunden mitzunehmen!

Aber wenn ich sie mal bitte, mitzukommen, wenn ich Tennis spiele oder mit dem Fahrrad unterwegs bin, geht das garantiert auf gar keinen Fall.

‚PRINZESSIN' muss nämlich genau zu der Zeit unbedingt gewaschen oder das Sattelzeug gepflegt werden oder was weiß ich denn, was so ein Tier noch alles braucht.

Ich will es auch gar nicht mehr wissen. Ich weiß, was ich brauche: eine Freundin, die entweder zwei Beine hat oder vier, aber keine sechs. Endgültig.

DER NICHT REITENDE FREUND LERNT REITEN

Er: Um es kurz zu machen: Ich habe mich breitschlagen lassen. Irgendwas muss ja dran sein an dem Gefühl, sich auf so ein Pferd zu hocken. Und so schwierig kann das nun wieder auch nicht sein; schließlich können das selbst drittklassige Westerndarsteller offensichtlich lässig lernen.

Also hab' ich meine Lieblingsjeans angezogen, Holzfällerhemd, Weste – naja, der Typ für diese Stiefel bin ich eigentlich nicht. Obwohl... Aber da hat sie auch schon das Stöhnen angefangen. Jogginghose und Gummistiefel solle ich anziehen! Ich hab sie dann gefragt, ob sie in gerippter Turnhose und Achselhemd ins Fitness-Center gehen würde, aber Fehlanzeige – Reiter brauchen entweder keine Fitness oder haben ohnehin genug. Und Selbstironie ist ihnen sowieso völlig fremd.

Also habe ich darauf bestanden, dass wir in einen Reitsportladen fahren und eine vernünftige Ausrüstung kaufen. Sie sollte mich beraten, sonnenklar.

Das hätte ich mir aber wirklich sparen können. Wenn es nach ihr gegangen wäre, hätte ich mir eine popelige Polyesterhose ausgesucht und ein Paar ätzende schwarze Plastikstiefel. Der Höhepunkt kam noch: so ein albernes schwarzes Samtkäppi mit Schleifchen hintendran! Als ob ich rumrennen würde wie diese Teenies, die den ganzen Nachmittag im Pferdestall rumwuseln.

Also habe ich mir erstmal den Verkäufer geschnappt und mir was Anständiges zeigen lassen: Ganzlederreithose, cognacfarben, mit Hochbund, das sah so schon ganz passabel aus, dazu eine passende Steppweste und ein kariertes Jacket. Außerdem Lederstiefel in Braun, Schwarz trägt schließlich jeder. Und statt des komischen Hütchens hat

mir der Verkäufer einen Military-Helm empfohlen, viel sicherer und bequemer. Das Ding hat nackt allerdings Ähnlichkeiten mit einer Stahlhelm-Karikatur, und so habe ich passend zum Outfit einen dunkelgrünen Überzug ausgewählt.

Jedenfalls fand ich, dass das Ganze ziemlich professionell ausgesehen hat, und ihr hat es bei meinem Anblick offensichtlich die Sprache verschlagen. Wenn das kein gutes Zeichen ist!

Ich denke also, ich setze mich aufs Pferd, Hacken in die Weichen, damit es losläuft und dann mal ganz cool links oder rechts am Zügel gezogen.

Sie meinte allerdings, ich müsste unbedingt erst an die Longe! Das ist so eine lange Leine, die hält (natürlich!) sie in der Hand und das Pferd läuft um sie herum im Kreis. Diese alberne Vorstellung musste ich zuerst mitmachen, aber irgendwie ist das nichts für mich – das hätte ich ihr gleich sagen können. Aber bei Pferden ist sie dermaßen stur, dass man sie überhaupt nicht wiedererkennt!

Dabei ist John Wayne auch immer geradeaus geritten – und das nur im Galopp oder eben im Schritt und ganz ohne Longe und ähnlichen Firlefanz. Außerdem war der immer in der Prärie unterwegs und nicht in einer dämlichen Reithalle. So in die untergehende Sonne zu reiten, das hat doch was!

Schließlich habe ich ihr die Pistole auf die Brust gesetzt: Entweder wir probieren es das nächste Mal mit Ausreiten oder ich streiche den gemeinsamen Urlaub. Dass ich sowieso nicht so genau weiß, woher ich das Geld dafür nehmen soll, nachdem der Reitsportladen den Betrag für meine Einkäufe abgebucht hat, habe ich ihr lieber nicht verraten.

Sie: Und ich
dachte, wenn ich
ihn erstmal so
weit habe, dass er
mit dem Reitenler-
nen anfangen will,
dann ist alles paletti!
Dann haben wir ein
gemeinsames Hobby
und alles ist Friede, Freude,
Eierkuchen. Wie Frau sich täu-
schen kann...

Nie hätte ich geglaubt, dass er dermaßen auf die Marl-
boro-Reklame abfährt, dabei raucht er nicht mal. Sind
eigentlich alle Männer verhinderte Cowboys?

Aber inzwischen tut's mir geradezu Leid, dass ich ihn
nicht in Jeans und diesem grauenhaften Carohemd auf
meine ‚PRINZESSIN' lassen wollte. Den Auftritt im Reitsport-

geschäft vergesse ich nie. So was Peinliches wie diese pseudo-englische Jagdreiter-Aufmachung mit Military-Helm für einen Totalanfänger! Wenn er in dem Aufzug bei uns durch den Stall läuft, könnte ich mir gerade ein Schild umhängen: „Der gehört nicht zu mir!"

‚PRINZESSIN' war ja rührend. Aber natürlich drückt sie den Rücken weg, wenn jemand auf ihr dermaßen mit den Oberschenkeln klemmt und abwechselnd nach hinten und nach vorn fällt. Und Leichttraben kann doch eigentlich nicht wirklich so schwer sein?

Jetzt will er auch noch ausreiten. Wenn ich mir vorstelle, was passieren würde, wenn er sich auf meine sensible Trakehnerstute setzt, die draußen ein ziemlich heißer Ofen ist, wird mir ganz schlecht.

Hoffentlich kann ich mir irgendwoher einen altgedienten Selbstfahrer ausleihen, der ihn lebend wieder nach Hause bringt. Aber in den Sonnenuntergang galoppieren – das kann er sich echt abschminken. Mehr als Schritt kommt einfach nicht infrage!

Ich hab mir ja so sehr gewünscht, dass er reiten lernt. Aber so schwierig habe ich mir das eigentlich doch nicht vorgestellt!

DER GUT REITENDE FREUND

Er: Am Anfang hat das alles wirklich gut funktioniert. Sie war auf jedem Turnier mit dabei, auf dem ich geritten bin, und ich sage dir was: Die ist besser als jede Pflegerin, die ich bisher hatte! Ich glaube, der könnte ich eine Zeiteinteilung von einem Turnier in die Hand drücken und selbst erst ganz gemütlich eine halbe Stunde vor dem ersten Start auftauchen.

Die hätte nicht nur die Pferde tipptopp in Schuss – alle eingeflochten, bandagiert mit Unterlagen, Schweife geflochten usw. – und die Tiere allein auf den Tansporter gestellt, sondern auch sämtliches Zubehör komplett eingeladen. Die hat immer alles dabei: vom Futter bis zu Stollen – natürlich mit Stollenschlüssel - und sämtliche verschiedenen Gebisse oder Sporen, die ich je mal auf einem der Pferde im Einsatz hätte.

Inzwischen hat sie ja sogar gelernt, den Transporter zu fahren, obwohl sie mit einem Pferdehänger nicht rückwärts einparken kann – ich sage nur: ,Frauen'! Aber das ist ein anderes Thema.

Jedenfalls hätte die alle Formalitäten an der Meldestelle erledigt und das erste Pferd mit der richtigen Ausrüstung genau zur passenden Zeit fertig, sodass ich mich nur noch draufsetzen bräuchte. Und zur Not könnte sie es auch noch abreiten.

Das mit dem Reiten macht sie nämlich gar nicht schlecht, vor allem für meine jungen Pferde hat sie echt ein Händchen. Aber eine große Springreiterin ist an ihr nicht verloren gegangen.

Mehr als 80 Zentimeter lasse ich sie jedenfalls nicht springen, meine Devise ist: Auf dem Pferd muss man wissen, was man will. Und sie weiß es meiner Meinung nach manchmal nicht so ganz genau.

Sie hat ja so eine komische Schwäche fürs Dressurreiten – finde ich einerseits ganz nützlich, weil sie inzwischen einigermaßen kapiert hat, was ich mir unter einer passablen Springdressur vorstelle, aber andererseits entwickelt Sie manchmal echt komische Ideen.

Früher ist sie noch ab und an A-Dressur auf Turnieren

geritten. Aber jetzt, wo ich in M/A starte, passt das einfach nicht mehr so. Meine wichtigsten Springen sind fast immer nachmittags oder abends, und diese Dressuren finden ausnahmslos zu unmöglichen Zeiten statt.

Neulich hat sie sich in den Kopf gesetzt, in so einer komischen Dressurpferdeprüfung zu starten. Wozu soll das denn gut sein? Ich meine, wenn meine jungen Pferde mal eine Springpferdeprüfung gehen – natürlich auch nur die, die stilistisch was hermachen – dann ist das Aufwand genug. Und immer noch kommt es ganz darauf an, was die Richter sehen wollen!

In der Dressur ist das ja noch viel schlimmer. Und außerdem sind diese Prüfungen unter Garantie immer morgens vor dem Aufstehen. Ist halt nicht so der Publikumsrenner... Jedenfalls habe ich abgelehnt, und sie hat doch tatsächlich geheult.

Überhaupt gibt es in letzter Zeit öfters Stress zwischen uns. Sie hörte plötzlich die Hochzeitsglocken läuten, und da musste ich doch mal die Notbremse ziehen. Wenn es nach ihr ginge, würden wir wohl als Nächstes eine Kinderzimmer-Einrichtung kaufen!

Nein danke. Meine Freiheit ist mir doch lieb und wert... Wenn sie nicht so perfekt hier in den Betrieb passen würde, hätte ich wahrscheinlich schon längst die Kurve gekratzt.

Aber bevor ich mit ihr Schluss machen könnte, müsste ich erstmal jemanden einstellen für den Stall, der auch noch ein bisschen was vom Reiten versteht – und solche Leute sind echt schwierig zu finden, sage ich dir.

Sie: Mensch, was war ich happy, als ich ihn endlich an Land gezogen hatte! Der einzige passabel aussehende,

erfolgreiche Turnierreiter weit und breit... Die Mädchen im Verein haben mich alle glühend beneidet.

Aber so einfach war das nicht. Ich bin auf jedes Turnier gefahren, wo er gestartet ist und habe mich rangehalten, die Pferde trocken geritten, geführt und später auch mal fertig gemacht, bandagiert, abgespritzt, gefüttert, getränkt und das Sattelzeug sauber gemacht. Ich habe seinen Helm, Jacke, Gerte, Sporen, Abschwitzdecken, Cola, Brötchen und so weiter angeschleppt – egal, ob es 33° Grad im Schatten hatte oder 10° Grad bei Nieselregen.

Irgendwann hat es dann gefunkt bei uns und nicht lange danach bin ich auch bei ihm eingezogen. Es war gleich ziemlich klar, dass ich im Betrieb mithelfen würde. Schließlich ist mir mein Job als Arzthelferin sowieso auf den Keks gegangen und viel verdienen tut man dabei auch nicht gerade.

Zu Anfang war das alles ganz toll, ich durfte gleich alle seine jungen Pferde reiten und hab den ganzen Kram organisiert für die Turniere. So hatte ich das Gefühl, er nimmt mich wirklich ernst und ich hab auch ein Stück Verantwortung.

Aber das mit dem Reiten wird irgendwie mehr und mehr eine Sackgasse. Ich bin dazu da, die Pferde friedlich und handlich zu machen und zu bewegen, wenn er nicht da ist. Zu Anfang hat er mich noch ab und zu eine Dressurprüfung auf einem Turnier reiten lassen, aber das ist lange vorbei!

Neulich hatten wir einen ziemlichen Streit, weil er so ein tolles junges Pferd hat, mit dem ich gern in einer Dressurpferdeprüfung gestartet wäre. Ich habe mir wirklich Chancen ausgerechnet! Aber seit er in Kategorie A unterwegs ist,

passt es halt von der Zeiteinteilung her meist überhaupt nicht. Und Springen ist für ihn das Einzige, was zählt.

Leider bin ich keine so große Leuchte im Springen. Man könnte ja meinen, ich hätte jede Gelegenheit dazu, es zu lernen, aber weit gefehlt! Die Youngster darf ich nicht springen, weil er Angst hat, dass sie mit mir machen, was sie wollen. Und die Turnierkracher darf ich nicht springen, weil er Angst hat, dass ich sie verderbe!

Dabei habe ich das Gefühl, ich könnte durchaus springen lernen, wenn sich nur jemand die Zeit nehmen würde, es mir in Ruhe beizubringen. So über Trainingshöhen bis 80 Zentimeter klappt es nämlich ausnehmend gut. Aber ich habe so eine Art „Höhenangst", wenn es mal mehr wird, und bei etwas breiteren Oxern verlässt mich sowieso der Mut. Er hat dafür überhaupt kein Verständnis und lacht sich über meine Schwierigkeiten nur kaputt. Das hilft mir allerdings keinen Millimeter weiter...

Neulich habe ich ihn gefragt, wie er sich unsere weitere Zukunft vorstellt. Ich dachte, irgendwann könnten wir mal heiraten und Kinder kriegen wie andere Leute auch. Aber da hättest du ihn mal hören sollen!

Ich war wie vor den Kopf geschlagen. Bin ich nun seine Freundin oder seine Pflegerin, die auch mal reiten darf? Im Zweifelsfall Letzteres. Ich habe ihn gefragt, ob wir Schluss machen sollen, aber davon hat er auch nichts hören wollen. Wundert mich nicht: Bis er wieder jemand findet, der ihm umsonst den Turniertrottel spielt und zu Hause die jungen Pferde in Schuss hält, muss er wahrscheinlich weit laufen!

Besuch bei einem alten Mann ...

Auch im Jahr 2047 gibt es Pferde und Leistungssport. Und es gibt ehrgeizige Eltern, die ihr einziges Kind gern im Olympiateam sehen wollen. Aber wenn auch bis dahin viele Neuerungen im Bereich Pferdehaltung und Training eingeführt worden sind - im Springen fallen die Entscheidungen nach Strafpunkten und Zeit. - Benedikts Vater ist jedes Mittel Recht, um seinen Sohn zu fördern. Aber ob es tatsächlich hilft, Rat bei einem alten Mann zu suchen, der vor fast fünfzig Jahren Erfolg im Reitsport hatte?

EIN PEINLICHES GESPRÄCH

„Nach diesem Gespräch möchte ich Resultate sehen, meine Herren, Re-sul-ta-te!" Frederick Reimers ließ sein letztes Wort geradezu silbenweise auf der Zunge zergehen. Der Chef der Firma ‚SOFTLEARN' wirkte auf den ersten Blick wie ein gemütlicher Familienvater - ein bisschen unter-

setzt, mit beginnender Stirnglatze und stets zu einem Scherz bereit. Aber heute lächelte er nicht, und seine beiden Gesprächspartner dachten nicht daran, ihr Gegenüber auch nur eine Sekunde lang zu unterschätzen.

Seit die Firma ,SOFTLEARN' ihre Programme zum „autogenen Lernen" auf den Markt gebracht hatte, gab es weltweit kaum noch einen Schüler, der nicht nachts mit einem ,SOFTLEARN'-Datenhelm im Schlaf Vokabeln, Formeln oder Daten paukte. Und Frederick Reimers war in den vergangenen zwanzig Jahren vom Inhaber einer kleinen Programmier-Firma zum Chef eines Weltkonzerns aufgestiegen. In einer Liste der 100 weltweit einflussreichsten Männer wäre er mit Sicherheit aufgetaucht.

Im Großen und Ganzen hatte Frederick Reimers allen Grund, mit sich und der Welt zufrieden zu sein. Aber in diesem speziellen Fall war er, gelinde ausgedrückt, unzufrieden. Und seine beiden Gesprächspartner wirkten ihm gegenüber nicht wie gestandene Männer, sondern wie zwei Schuljungen, die sich eine Standpauke des Direktors anhören müssen. Der jüngere, ein schlanker, rotblonder Mann um die dreißig, rutschte verlegen auf seinem Stuhl hin und her.

„Wir haben wirklich alles getan, was in unserer Macht steht", bekräftigte er. „Sie können sich von den Maßnahmen gern selbst überzeugen. Wir haben das beste Material gekauft, das auf dem Markt zu haben war, modernste Haltungstechnik und ein Training nach wissenschaftlichen Gesichtspunkten..."

„Trotzdem ist mein Sohn nicht im Team, nicht einmal im Kader!", entgegnete Reimers ungeduldig. Das ist das mindeste, was ich bei meinem Engagement erwarte!"

Der dritte Gesprächspartner, ein älterer, schlanker, gut aussehender Mann mit dekorativer silberner Haarpracht, schien sich ebenso wenig wohl in seiner Haut zu fühlen wie sein jüngerer, rotblonder Nachbar.

„Wir alle wissen - äh - ich meine, die internationale Reitsportszene weiß ihr außerordentliches Engagement für die Serie ‚Eurocup' wirklich zu schätzen!"

„Sollten die Springreiter auch!", unterbrach ihn Reimers höchst unfreundlich. „Schließlich ist es - trotz aller Konkurrenz - die höchst dotierte Springsport-Serie der Welt."

„Sie erfreuen sich als Sponsor natürlich höchster Wertschätzung!" Der silberhaarige Mann wand sich vor Verlegenheit. „Aber - "

„Aber -?", fragte Reimers mit drohendem Unterton zurück. „Aber für die Kaderberufungen gibt es feste Regelungen. Da sind selbst mir als Springsport-Manager die Hände gebunden. Die Kaderberufungen und die Teamauswahl für die Championate werden in vorher festgelegten Sichtungsprüfungen entschieden. Und da muss ihr Sohn sich qualifizieren, eine andere Möglichkeit gibt es nicht!"

Reimers ließ sich in seinen Sessel zurückfallen und verschränkte die Arme hinter dem Kopf.

„Ich möchte Ihnen eine Information zukommen lassen, die gerade eben an alle Nachrichtendienste geht. Wir haben heute Morgen die Mehrheitsanteile von ‚Worldsat' gekauft. Ich brauche Ihnen ja wohl nicht zu erklären, was das heißt."

Der Springsport-Manager Thorsten Calldorf wurde unter seiner sonnengebräunten Haut blass, sein Nachbar John Bleyden, Trainer im hauseigenen Springstall, errötete dagegen deutlich. Beide wussten ganz genau, was es hieß, wenn

Frederick Reimers einen Konzern aufgekauft hatte, der im Besitz der Olympia-Übertragungsrechte war. Er konnte bei den nächsten Spielen letztendlich bestimmen, welches Pferd und welcher Reiter wann und wie lange durch den Bildschirm galoppieren durften - ganz abgesehen von den Möglichkeiten technischer Manipulationen, über die hinter vorgehaltener Hand auch in der Reitsportszene immer häufiger diskutiert wurde.

Reimers hob ganz entgegen seiner Ankündigung doch zu einer längeren Erklärung an - mit deutlich distanzierter Stimme.

„Sie wissen so gut wie ich, dass die Olympiade heutzutage ein Medienereignis ist. Sie wird nicht nur für die Medien gemacht, sondern von den Medien gemacht. Das heißt, die Sportwettkämpfe finden natürlich statt. Aber aus Gründen internationaler Sicherheit und mit Blick auf die Werbepartner, ohne die ein solches Event heutzutage nicht mehr finanzierbar ist, wird es im kommenden Jahr keine Zuschauer in den Sportstätten mehr geben. Die Olympiade kann ausschließlich am Fernsehbildschirm miterlebt werden."

„Trotzdem", - Calldorf versuchte, sich seine finsteren Befürchtungen nicht anmerken zu lassen, - „soll das Reglement für die olympischen Einzel- und Mannschaftsspringen genau so bleiben wie bisher."

Der ‚Softlearn'-Chef musterte ihn von oben herab, bevor seine Stimmung sich schlagartig änderte.

„Ich kann Sie beruhigen, meine Herren. Mein Sohn will keinen der Wettbewerbsvorteile nutzen, die ich ihm verschaffen könnte", sagte er leise. „Ich habe ihm sogar angeboten, die Spitzenpferde seiner schärfsten Konkurrenten

aufzukaufen - wenn ich sage, Geld spielt keine Rolle für mich, dann meine ich es auch so. Aber Benedikt hat abgelehnt. Er will durch seine eigene Leistung bestehen oder gar nicht. Und das, nachdem ich so viel in seine Karriere investiert habe!"

Calldorf und Bleyden schwiegen. Was hätten sie sagen sollen?

Benedikts privater Trainer John Bleyden fasste sich als Erster. „Vielleicht könnten wir das praktische Training intensivieren", schlug er vor.

Reimers reagierte gereizt. „Eine andere Idee haben Sie wohl nicht? Ich habe mich zwanzig Jahre lang mit der Revolution des Lernens beschäftigt und Sie kommen mit dem Stichwort ‚praktisch üben'!"

„Aber es hat sich gezeigt, dass langfristig diejenigen Reiter im Vorteil sind, die weniger über digitale Gehirnstimulation lernen als über situative Erfahrung. Ihr Sohn reitet meines Erachtens einfach nicht oft genug."

„Er verbringt sowieso schon mehr Zeit im Pferdestall als vor dem Computer! Ihre persönlichen Erfahrungen als Trainer in allen Ehren - aber unsere langjährigen ‚SOFTLEARN'-Untersuchungen zum weltweiten Lernverhalten sind statistisch wohl weitaus relevanter. Und die kommen zu ganz anderen Ergebnissen."

Jetzt mischte sich Thorsten Calldorf wieder ins Gespräch. „Wir haben mit dem ‚SOFTLEARN'-Programm ‚EQUIBYTE' hervorragende Erfahrungen gemacht", sagte er. „Aber es hat sich gezeigt, dass beim Reiten im Vergleich zu anderen Sportarten ein weniger großer Teil des Trainings per Gehirnstimulation vorgenommen werden kann. Im Tennis sind mir beispielsweise Fälle bekannt, wo professionelle

Spieler bis zu 60 Prozent der Trainingszeit unter dem Datenhelm verbringen. Das funktioniert in der Reiterei einfach nicht."

Frederick Reimers richtete sich wieder vor der Schreibtischplatte auf. „Das kann doch nur heißen, dass die ‚EQUIBYTE'-Software nicht so gut ist, wie sie eigentlich sein sollte."

„Ich glaube, das Problem liegt woanders", widersprach John Bleyden zögernd. „Pferde sind einfach so verdammt individuell."

„Für eine statistische Relevanz waren es mehr als genug Daten. Wir haben zum Beispiel 5000 unterschiedliche Sprünge von 500 Pferden digital verarbeitet; eine noch größere Anzahl bringt auch keine größere Differenzierung mehr. Wir haben dieses Thema mit dem Chef der Programmierabteilung damals ausgiebig durchgekaut", entgegnete Reimers.

Calldorf überlegte einen Moment und sagte dann stirnrunzelnd: „Wenn es nicht an der Menge der erfassten Daten liegt, dann kann es nur an der Qualität liegen."

Reimers schüttelte den Kopf. „Wir haben damals Videomitschnitte aus fünf Jahren von den weltweit besten Ritten auf Springturnieren erfasst. Eine Steigerung scheint mir da kaum möglich."

Der Springsport-Manager und der Trainer schauten sich an. Die kurze, wortlose Verständigung blieb auch dem ‚SOFTLEARN'-Chef nicht verborgen. Stirnrunzelnd fragte er: „Gibt es etwas, das Sie beide über dieses Thema wissen und ich nicht? Da möchte ich Ihnen doch sehr raten, mich einzuweihen!"

„Nein, nein, die Sache ist mehr ein Gerücht", beschwichtigte Bleyden sein Gegenüber. Calldorf nickte bestätigend.

„Wir wissen selbst nicht genau, was dran ist!"

„Vielleicht klären Sie mich mal auf, meine Herren?" Die Frage klang eher wie ein Befehl.

„Es geht das Gerücht..."

Calldorf zögerte und begann den Satz von neuem. „Also, es wird in offiziellen Kreisen davon gesprochen - aber nur hinter vorgehaltener Hand - dass der Springsport vor rund 50 Jahren leistungsmäßig sehr viel weiter war als heute. Alles deutet daraufhin, dass Wissen aus der damaligen Zeit verloren gegangen ist."

„Nicht möglich!" Reimers schien ungläubig. „Seit der Jahrtausendwende haben in allen anderen Sportarten die Leistungen zwar in immer geringerem Umfang, aber dennoch kontinuierlich zugenommen. Ich kann das kaum glauben!"

Calldorf fühlte sich offensichtlich wieder etwas wohler in seiner Haut. „Doch, es hat sogar schon Diskussionen gegeben, sich von offizieller Seite der Europäischen Reiterlichen Vereinigung FEE mit diesem Thema zu befassen. Aber man hat davon Abstand genommen."

„Wieso denn?"

Bleyden antwortete an Calldorfs Stelle. „Weil es einfach hochgradig peinlich wäre, einfach deshalb."

Reimers schien elektrisiert. „Wenn das so ist - irgendwo wird es dann ja bei der FEE einen Giftschrank geben, in dem Aufzeichnungen der damaligen Leistungen archiviert sind. - Danke, meine Herren, Sie haben mir sehr geholfen!"

ALLES WIE ÜBLICH

„Gibt's was Besonderes?", fragte Benedikt Reimers seinen Trainer John Bleyden und im nächsten Atemzug: „Wie war

mein Alter denn so?"

„Wie üblich! Er glaubt natürlich mehr an Gehirnstimulation durch Software als an praktisches Üben. Außerdem wird er langsam ungeduldig."

„An mir soll's nicht liegen! Wenn du eine gute Idee hast, wie ich das Training noch verbessern könnte - nur zu! Ich reite sowieso viel lieber, als einen Datenhelm aufzusetzen - und meinem Gefühl nach bringt es auch mehr. Das darf ich natürlich gegenüber meinem Alten nicht laut werden lassen."

Der einzige Sohn von Frederick Reimers stand neben seinem Ausbilder mit den Ellbogen auf die Bande der Reithalle gestützt und beobachtete das Training der jüngeren Pferde. Von weitem hätte man die beiden für Brüder halten können, so ähnlich waren sie sich in Größe und Gestalt. Während John allerdings mit seiner hellen Haut, den blauen Augen und rotblonden Haaren den irischen Großvater nicht verleugnen konnte, hatte der zwanzigjährige Benedikt dunkle Augen, dunkle Haare und von Natur aus dunklere Haut.

In der Halle war ein Parcours nach neuesten Ausbildungs-Standards aufgebaut. Die Hindernisse aus federleichtem High-Tech-Material klappten bei einer bestimmten Intensität der Berührung um und stellten sich nach 30 Sekunden von allein wieder auf. Sämtliche jungen Pferde, die hier nacheinander ihre Trainingsrunden absolvierten, waren mit einer ‚RIDERAUTOMATIC' ausgerüstet.

Hinter den merkwürdigen Gebilden, die sie auf ihren Rücken trugen, verbarg sich das jüngste elektronische ‚Spielzeug' der Firma ‚SOFTLEARN'. Ferngesteuerte elektronische Impulse ersetzten eine perfekten Reiter mit genau

dosierten Gewichts-, Schenkel- und Zügelhilfen. Eine höchst komplizierte Mechanik, die unter der Hallendecke installiert war, sorgte zusätzlich dafür, dass die Pferde an langen Leinen von oben auf dem richtigen Weg durch den Parcours geleitet wurden.

Ein Pferd nach dem anderen wurde vollautomatisch in die Halle gelassen, nachdem es in der Abreitehalle zwanzig Minuten an der elektronischen Longe gegangen war. Ein einziger Mann genügte, um den gesamten Ablauf zu überwachen.

„Früher haben die wohl tatsächlich die Pferde fast ausschließlich unter dem Sattel ausgebildet", sagte John Bleyden nachdenklich.

„Ja? Wieso das denn?"

„Hat sich wohl einfach so bewährt. Du weißt ja, mein Großvater hat die Zeit vor MHS noch erlebt."

Wie jeder Pferdefreund wusste Benedikt natürlich, was sich hinter der Abkürzung ‚MHS' verbarg. Im Jahr 2010 hatte eine furchtbare Seuche weltweit unter den Pferden gewütet - es war eine Killer-Variante der längst bekannten Maul- und Klauenseuche bei Rindern und Schafen. Die MHS (Maul- und Hufseuche) hatte fast vier Fünftel des gesamten Pferdebestandes auf der Erde vernichtet, bevor sie durch entsprechende Impfungen und Quarantäne-Maßnahmen unwirksam gemacht werden konnte. Jahrelang war der internationale Turniersport praktisch zum Erliegen gekommen.

In der Zwischenzeit erprobten Wissenschaftler immer neue Errungenschaften in der Pferdezucht - gezielte Genmanipulation führte schließlich dazu, dass die von Reitern gewünschten sportlichen Eigenschaften züchterisch mehr

und mehr perfektioniert wurden. Und dennoch...

Benedikt war immer begierig darauf, die Erzählungen von John Bleyden zu hören. Sein Trainer war zwar nicht einmal fünfzehn Jahre älter als er selbst, aber er stammte aus einer alten Springreiterfamilie und wusste viele Dinge aus früheren Zeiten zu berichten, die sich heute schon anhörten wie Märchen aus einer anderen Welt. Benedikt, der zu Hause mehr als genug von den modernen Zeiten zu hören bekam, war von den Erzählungen seines Trainers merkwürdig fasziniert.

Stundenlang hatte er Schilderungen gelauscht von Pferden, die in Herden Tag und Nacht auf irgendwelchen Wiesen lebten. Und das hatten diese empfindlichen Vierbeiner tatsächlich überlebt? Er konnte es sich kaum vorstellen, wenn er im Vergleich dazu an seinen eigenen Stall dachte.

Er galt als Muster von zeitgemäßer und artgerechter Pferdehaltung. Tierärzte, Verhaltensforscher und Tierschützer hatten seinerzeit als Berater bei der Planung zur Verfügung gestanden. Die Live-Präsentation seines Turnierstalles im Internet, bei der die Errungenschaften neuester Pferdehaltungs-Technik demonstriert wurden, galt inzwischen als theoretisches ‚Muss' für alle künftigen Pferdehalter.

Natürlich standen seine wertvollen Turnierpferde in genügend großen, voll klimatisierten, bestens isolierten Einzelboxen. Es fehlte ihnen an nichts. In jeder Box waren Laufbänder installiert, die den Pferden nach einem ausgeklügelten Biorhythmus-Programm die nötige Bewegung boten. Auf einer Videowand huschte die passende Kulisse vorbei: Wogende Steppengräser, darin eine grasende Pferdeherde, ab und zu andere Tiere. Elektronisch wurden dazu nicht nur die passenden Geräusche, sondern auch Gerüche

eingespielt. Einmal am Tag - zu wechselnden Zeiten - wurde ein Film „Raubtier schleicht sich an" eingelegt, um die Reaktionsfähigkeit der Pferde zu trainieren und ihren natürlichen Instinkten Nahrung zu bieten.

Schließlich musste moderne Pferdehaltung all das berücksichtigen, was man über diese Tiere wusste: dass sie reaktionsschnelle Fluchttiere waren, Gesellschaft von Artgenossen brauchten, um sich sicher zu fühlen, einen großen Bewegungsdrang hatten und äußerst leistungsfähige Sinnesorgane, die beschäftigt sein wollten.

„Ich kann mir das kaum vorstellen", sagte Benedikt. „Gab es früher mehr Reiter oder hatten die Leute tatsächlich viel mehr Zeit? Und diese Reiter können doch längst nicht so fehlerfrei agiert haben wie unsere elektronischen Programme! Sind die denn tatsächlich über schwere Parcours gekommen, so wie wir sie heute haben?"

John Bleyden sah seinen Schüler mit großen Augen an. „Ich will dir mal was sagen: Mein Großvater behauptet, die hätten früher Springen geritten, von denen könnten wir heute nur träumen. Und irgendwie klingt es für mich so, als hätte er sich diese Behauptung nicht aus den Fingern gesogen!"

WAS IST AUS ALL DENEN GEWORDEN?

„Ich will, dass ihr euch das alles genau anschaut. Es ist einfach unglaublich!"

Frederick Reimers schüttelte in Gedanken den Kopf und sagte mehr zu sich selbst: „Unglaublich, das so ein Material seit Jahrzehnten in den Archiven der Europäischen Reiterlichen Vereinigung lagert und beinahe in Vergessenheit geraten ist."

Er löschte mit einem Klick seiner Fernbedienung das Licht im Präsentationsraum von ‚Softlearn', und nun beherrschte nur noch ein überdimensionaler Bildschirm den Raum.

Sein Publikum war allerdings nicht gerade zahlreich. Außer seinem Sohn, John Bleyden und dem deutschen Springsport-Manager Calldorf war nur noch der Leiter der Software-Entwicklung in seiner Firma anwesend - ein unscheinbarer kleiner Mann mit spitzem Mausgesicht. Niemand hätte Peter Rüder auf den ersten Blick zugetraut, dass er die besten Programmierer der Welt koordinierte. Aber er gehörte eindeutig zu den Spitzenkräften von ‚Softlearn'. Rüder hatte die Programmierung von ‚Equibyte' selbst überwacht und kannte das Programm zum Reitenlernen in allen seinen Details.

Da, ein Kameraschwenk über einen farbenprächtigen Turnierplatz. Die alten Aufnahmen waren zwar nicht mit heutigen Qualitätsstandards zu vergleichen, aber immerhin noch deutlich genug. Die Kamera fuhr näher an die einzelnen Hindernisse heran, ein Sprecher erläuterte den Parcours.

John Bleyden sog die Luft hörbar zwischen den Zähnen ein.

„Donnerwetter!", sagte er.

Benedikt sagte gar nichts. Mit glühenden Augen verfolgte er, wie ein großer, eleganter Reiter auf einer Stute in den Parcours kam, die in ihrem Aussehen in keiner Weise dem heutigen Springpferde-Ideal entsprach. Noch dazu tänzelte sie herum und ging keinen Meter durchs Genick. Den Reiter schien es nicht zu stören.

Mit atemberaubender Präzision schraubten die Stute und sein Reiter sich über den himmelhohen Parcours mit schwierigsten Abmessungen, ohne eine einzige Stange zu berühren. Das Pferd ging mit hoher Nase und schien die Hindernisse geradezu fressen zu wollen. Benedikt dachte darüber nach, dass er wahrscheinlich auf einem solchen Pferd nicht einmal über einen einzigen Sprung gelangen würde.

Vor dem letzten Hindernis hatte der Reiter noch Zeit, den Arm zu heben und ein Siegeszeichen in die Luft zu stoßen. „Europameisterschaft in den Neunzigern", kommentierte Reimers. Es folgten Aufzeichnungen von Internationalen Turnieren, Championaten, Olympischen Spielen und Weltmeisterschaften.

Pferde und Reiter unterschiedlichster Gestalt gaben sich da ein Stelldichein - kleine und große, kurze und lange, dünne und dicke. Und sie alle hatten gemeinsam, dass sie über Parcours flogen, in die sich heute selbst die Top Ten im Springsport nicht hineintrauen würden.

Am meisten faszinierte Benedikt die Vielfältigkeit der Pferde und der Springstile. Da gab es Pferde mit aufwändiger, großer und solche mit flacher, schneller Galoppade. Da gab es Reiter, die ritten fast nur in den Bügeln stehend und solche, die zwischen den Hindernissen das Gesäß immer dicht am Sattel hielten. Da gab es Pferde, die vor Übereifer ihren Reitern das Leben schwer machten und solche, die den Parcours aussehen ließen wie eine Rechenaufgabe, die man halt ordentlich eins nach dem anderen bewältigen muss.

Da gab es Pferde, die eher kletterten und solche, die zu fliegen schienen. Manche klappten über dem Hindernis die

Hinterbeine nach hinten oben aus und einige nahmen sie artistisch zur Seite. Da gab es Reiter mit ganz kurzen oder extrem lang gefassten Zügeln, es gab solche, die bis über den Sprung eine beständige Verbindung zum Pferdemaul hielten im Gegensatz zu einigen, die bereits vor dem Hindernis dem Pferd deutlich Halsfreiheit gewährten.

Aber was war nun richtig? Was konnte er sich abschauen, wie konnte er lernen, so zu springen? Während Benedikt wie gebannt auf den Bildschirm starrte, erkannte er allmählich, dass dieselben Reiter auf unterschiedlichen Pferden gar unterschiedliche Techniken in Sachen Sitz und Zügelführung anwendeten.

Besonders der Reiter, den er bei seinem ersten Sieg bei einer Europameisterschaft gesehen hatte, faszinierte ihn. Wieder und wieder galoppierte er über den Bildschirm, wieder und wieder stand er anschließend auf dem Siegertreppchen - und das alles nicht etwa mit einem oder zwei, sondern mit so vielen verschiedenen Pferden, dass Benedikt völlig den Überblick verlor.

Seine Verwirrung war komplett. Da trainierte er nun seit vielen Monaten den perfekten Springstil - nachts mit dem ‚EQUIBYTE'-Datenhelm, dreimal in der Woche auf einem hervorragend ausgebildeten Pferd - und dieser Spitzenreiter von einst beherrschte nicht nur einen, sondern verschiedene Springstile! Und er begnügte sich auch nicht etwa mit Pferden, die - wie in Benedikts Stall - nach umfangreichen wissenschaftlichen Analysen die besten anatomischen Voraussetzungen erfüllten, sondern stieg in den Sattel völlig gegensätzlicher Tiere.

Nur eines hatten alle gemeinsam: Sie trugen ihren Reiter offensichtlich ohne elektronische Impulse oder sonstige

Computerunterstützung über aberwitzig schwierige Parcours. Sein eigenes Spitzenpferd, das in Sachen Körperbau und Bewegungstalent dem wissenschaftlich ausgewiesenen „Idealpferd" so nahe kam wie kein anderes, könnte nicht einen dieser Kurse fehlerfrei absolvieren.

„Phänomenal", sagte Frederick Reimers, während er nach über einer Stunde den Monitor abstellte. Das Tageslicht flutete wieder in den Raum und alle fünf Zuschauer blinzelten, bis sie sich an die Helligkeit gewöhnt hatten.

„Einmal im Leben möchte ich so einen Parcours reiten können", seufzte Benedikt.

„Sollst du mein Junge, sollst du!" Reimers war schon wieder in seinem Element - der Zukunftsorganisation.

„Wir stricken aus diesen Aufnahmen eine eigene Software, nur für dich. Damit hast du garantiert die Nase vorn! Und das", - er wandte sich mit betonter Höflichkeit an Calldorf, - „mit völlig legalen Trainingsmethoden!"

Der Springsport-Manager legte ein joviales Lächeln auf. „Wenn du so reiten lernst, mein Junge - mir soll es Recht sein!"

„Ich sehe da allerdings ein Problem", mischte sich John Bleyden ein.

Reimers hob unwillig die Augenbrauen. „Und zwar welches?"

„Das Material, das sie uns hier gezeigt haben, ist zwar phantastisch - aber es ist alles andere als einheitlich. Ich muss zugeben, dass die Leistungen geradezu atemberaubend sind, aber es gibt sehr viele verschiedenartige Pferde und sehr viele unterschiedliche Reiter. Nach welchem Vorbild wollen wir uns denn richten?"

Hier mischte sich Peter Rüder ins Gespräch: „Wir können

einerseits so viele Parcoursrunden wie möglich erfassen nach den üblichen Gesichtspunkten Tempo, Bewegungen des Pferdes und des Reiters, Ideallinie usw. Aber wenn Sie es wünschen, können wir ja noch ganz andere Daten eingeben und sie mal durchlaufen lassen. Was weiß ich - Größe des Pferdes oder des Reiters zum Beispiel, Bewegungswinkel in den diversen Gelenken bei Pferd und Reiter, Neigungswinkel, Verlauf der Springkurve, Tempounterschiede, Gerteneinsatz, Sporengebrauch usw. Aber um ein Programm daraus zu stricken, wäre meiner Meinung nach nur möglich, wenn Sie dazu eine sinnvolle theoretische Vermutung aufstellen könnten."

„Ja, also bitte, meine Herren, worauf soll es denn besonders ankommen in dem neuen Programm?"

Reimers richtete seine Frage ebenso an Calldorf wie an den Trainer seines Sohnes.

Calldorf antwortete als Erster. „Ich weiß nicht - ich bin dafür, so viele Daten wie möglich zu erfassen und diese weiterzuverarbeiten wie im ‚EQUIBYTE'-Programm. Das hat sich schließlich bereits in der Praxis bewährt.

Bleyden runzelte die Stirn. „Ich glaube nicht, dass wir so wirklich weiterkommen. Wir verarbeiten einfach zu viele gegensätzliche Informationen. Aber ich weiß auch keine überzeugende Alternative, tut mir Leid."

Bevor Reimers seinem Unwillen Luft machen konnte, meldete sich Benedikt zu Wort. Fast träumerisch sagte er:

„Ich möchte etwas ganz anderes haben. Dieser Reiter, der ganz zu Anfang die Europameisterschaften gewonnen hat, und dann die vielen anderen Titel, ihr wisst schon, wen ich meine - ich möchte alle Aufzeichnungen über ihn verwertet haben, jeden einzelnen Sprung und sämtliche Ein-

zelheiten", - er sah dabei Rüder an, - „die vielleicht irgend-
einen Sinn machen könnten."

John Bleyden nickte zögernd. „Wir können damit ja mal
anfangen, Benedikt. Dann haben wir ein erstes Resultat
und können weitersehen."

Reimers wandte sich an Rüder: „Die Sache hat allererste
Priorität. Betrachten Sie meinen Sohn als unseren wichtigsten Kunden."

Rüder erlaubte sich ein leises Grinsen, bevor er sich mit
Benedikt in sein Arbeitszimmer zurückzog.

Halb im Aufstehen fragte Reimers, an Calldorf gewandt:
„Was ist eigentlich aus allen diesen Reitern geworden? Sind
die alle unter der Erde oder haben nach MHS umgesattelt?"

Calldorf zögerte. „Die meisten haben tatsächlich damals
das Reiten aufgegeben. Es war eine echte Tragödie - vor
allem für die Profis. Aber einige gibt es natürlich noch. Und
diese Nummer Eins der Weltrangliste von damals - ich habe
vor kurzem läuten hören, dass er noch lebt."

EIN WELTKLASSE-FIASKO

Benedikt ging mit John Bleyden den Parcours ab. Er war
sichtlich blass unter seiner Bräune. In seiner riesigen Trai-
ningshalle war ein Weltklasse-Springen nach dem Vorbild
früherer Zeiten aufgebaut. Natürlich nicht ganz so hoch
und so voller Klippen wie damals, aber schwer genug, um
Benedikt ordentlich im Magen zu liegen.

„‚SOFTLEARN'S ANGEL' kennt ihren Job", beruhigte ihn sein
Trainer. „Wir haben diesen Parcours in ihr ‚RIDERAUTOMATIC'-
Programm eingebaut. Sie hat ihn in dieser Woche schon
zehnmal gesprungen."

Er erzählte seinem Schützling lieber nicht, dass keine

dieser Runden ohne Fehler geklappt hatte, und schon gar nicht, dass die Durchläufe sechs bis zehn eher schlechter ausgesehen hatten als die Runden eins bis fünf.

Benedikt machte nervös seinen Helm zum dritten Mal auf und zu. „Ich weiß nicht, sagte er, ob es wirklich eine gute Idee war, dass ich nur meine Datenhelm-Stunden mit der neuen Software verdoppelt habe, nicht aber das praktische Reiten. Ich fühle mich verdammt unsicher."

John Bleyden runzelte die Stirn. „Aber wir haben ja mit dem alten ‚Equibyte'-Programm messbare Erfolge gehabt, einen deutlichen Zuwachs an Bewegungskompetenz. Merkst du denn davon gar nichts?"

„Doch. Aber wenn ich etwas genauer wüsste, welche Bewegung wann dran ist, wäre mir etwas besser zumute!"

„Na, Kopf hoch", ermunterte ihn Bleyden. Und scherzhaft setzte er hinzu: „Wenn es nicht klappt, kannst du hinterher wenigstens genau analysieren, warum. Dein Vater hat fünf automatische Videokameras installieren lassen, die deinen Ritt aus jeder nur denkbaren Perspektive festhalten."

„Das klingt ja wirklich trostreich. Wahrscheinlich ist mein Vater deswegen nicht zum Zuschauen gekommen, weil er glaubt, dass er die ganze Sache auf dem Video sowieso besser sieht!"

„Kann schon sein!" John Bleyden machte eine aufmunternde Handbewegung, und Benedikt saß auf.

„Hals- und Beinbruch!", wünschte ihm sein Trainer.

Dieser Wunsch blieb zum Glück unerfüllt. Ansonsten aber wurde dieser Parcours, wie es Benedikt später seinem Vater gegenüber mit einem Anflug von Galgenhumor for-

mulierte, ein „Weltklasse-Fiasko".

Über dem ersten, nicht besonders schwierigen Steilsprung sah noch alles ganz hoffnungsvoll aus. Dann begann die Stute den zweiten Sprung anzuziehen, und Benedikt reagierte viel zu langsam, fast wie in Zeitlupe. Er kam so dicht an den zweiten Steilsprung, dass sein Pferd sich nur mit extremer Kraftanstrengung darüber schrauben konnte. Jetzt war der Fluss der Bewegung empfindlich gestört. Benedikt versuchte, das Tempo nach vorne auszugleichen, aber die Stute reagierte über und startete geradezu durch.

Als Nächstes war ein hoher Oxer zu überwinden, an den sein Pferd mit völlig unpassender Distanz herankam. Sozusagen todesmutig sprang es viel zu früh ab und befand sich über dem Sprung schon wieder in der Landephase. ‚SOFTLEARN'S ANGEL' paddelte mit den Vorderbeinen in der Luft, um ihre Flugphase zu verlängern, und bekam prompt die hintere Stange des Oxers zwischen ihre Vorderbeine. Strauchelnd kam sie zu Boden, blieb aber trotz des heftigen Rumplers auf ihren Füßen.

Aber jetzt hatte sie es sichtbar mit der Angst zu tun bekommen, und auch Benedikt hatte die Übersicht über das Geschehen offensichtlich verloren. Am zweiten Sprung der dreifachen Kombination, einem mächtigen Oxer, wurden dann auch die Träume vom Weltklasse-Springen unter einer wahren Flut stürzender Stangen begraben.

Pferd und Reiter gingen zu Boden - ein Wunder, dass beide den Sturz ohne schwere Verletzungen überstanden. Auf eine Fortsetzung des Ganzen hatten indessen weder Pferd noch Reiter die geringste Lust.

„Du siehst da oben drauf aus, als ob du keine Ahnung

davon hättest, was du tun sollst." Reimers hatte sich den nicht mal eine Minute langen Film vom Fiasko seines Sohnes, den ein Schnittcomputer aus den Aufnahmen der fünf Spezialkameras automatisch erzeugt hatte, ganze drei Mal hintereinander schweigend angesehen. Dann formulierte er sein vernichtendes Urteil.

Benedikt biss einen fast unmerklichen Augenblick lang die Zähne zusammen und antwortete dann in liebenswürdigem Ton: „Du bringst es auf den Punkt. Ich fühle mich inzwischen völlig verunsichert. Ich habe zwar Kompetenzen erworben, irgendwelche Dinge auf dem Pferderücken zu tun, aber ich habe keine Ahnung, was davon wann dran ist."

„Ich habe gleich befürchtet, dass die Datensätze von nur einem einzigen Reiter dir nicht genug Handlungsspielraum bieten. Wir werden das Programm doch aufstocken müssen."

Benedikt holte tief Luft. „Nein", sagte er laut und deutlich und dann noch einmal, als müsste er sich selbst eine Bestätigung geben: „Nein! Ich will wenigstens einen Bruchteil von dem können, was dieser eine Reiter konnte, und ich werde es nicht nur vorwiegend mit dem Datenhelm lernen. Ich werde es ausprobieren. Wenn du willst, dass ich Fortschritte mache, dann lässt du mich mit dem verdammten Tennisspielen und Golfen aufhören und dafür reiten, am besten jeden Tag."

„Jeden Tag?" Die Empörung in der Stimme seines Vaters war unüberhörbar. In den vergangenen zwanzig Jahren hatte es sein einziger Sprössling noch nie gewagt, ihm ernsthaft zu widersprechen. Er hatte, getreu seiner Rolle als Nachfolger seines Vaters, glänzende Schulnoten und über-

ragende sportliche Leistungen erbracht. Auch im Tennis spielte Benedikt immerhin auf Landesebene mit und verfügte im Golfen über ein beachtliches Handicap.

„Jeden Tag!", bestätigte Benedikt energisch und fügte etwas weniger laut hinzu: „Und am besten gleich mehrere Pferde. Dafür setze ich den Datenhelm in der übrigen Zeit so oft auf, wie du möchtest!"

BESUCH BEI EINEM ALTEN MANN

„Wie alt, sagen Sie, soll der Mann sein?", fragte Reimers nervös, während er neben Calldorf am Eingang des exclusiven Wohnturms ‚WORLDSPORT' für Senioren mit besonderen sportlichen Erfolgen nach einer Möglichkeit suchte, sich in der richtigen Wohnung bemerkbar zu machen.

„An die neunzig", antwortete Calldorf. „Aber er scheint noch völlig klar im Kopf zu sein - ich hatte jedenfalls am Telefon den Eindruck, der weiß ganz genau, was er sagt."

Noch bevor Reimers irgendwo eine Sensortaste gefunden hatte, über die er mit seinem Gastgeber hätte Kontakt aufnehmen können, meldete sich plötzlich eine tiefe Stimme über die Sprechanlage.

„Guten Tag, meine Herren. Bitte nehmen Sie den Fahrstuhl bis in den obersten Stock." Und nach einer winzigen Pause setzte die Stimme mit leiser Ironie hinzu: „Ich wohne ganz oben - Höhenangst ist mir nach wie vor fremd."

Mit einem kundigen Rundumblick erkannte Reimers die versteckt installierte Überwachungsanlage, die ihrem Gastgeber das Kommen seiner Besucher längst angekündigt hatte.

„Na los", sagte er zu Calldorf, und es klang, als müsse er sich selbst ein bisschen Mut machen.

Der Greis, der eigenhändig den automatischen Türöffner bedient hatte und sie allein in seinem lichtdurchfluteten Wohnraum hoch über der Stadt empfing, war trotz seines Alters eine imponierende Gestalt. Er war lang und hager, aber das Alter hatte seinen Tribut gefordert - sich aufzurichten fiel ihm schwer und er ging am Stock. Aber zwischen den unzähligen Runzeln in seinem Gesicht strahlten klare, helle, wache Augen hervor, die den Eindruck vermittelten, dass ihrem Besitzer so schnell nichts entgehen würde.

„Sie haben sich also alte Videos angeschaut", eröffnete der alte Mann das Gespräch und knüpfte damit ohne Umschweife an das Telefongespräch an, das Calldorf auf Wunsch von Reimers mit ihm geführt hatte. „Es ehrt mich natürlich, dass Sie sportliche Leistungen respektieren, die schon so lange her sind. Aber ich sage Ihnen gleich - mit dem zeitgenössischen Springsport habe ich nichts mehr zu tun und ich will auch nichts damit zu tun haben."

Und mit fast unmerklicher Ironie fügte er hinzu: „Wissen Sie, ich bin einfach zu alt, um in manchen grundsätzlichen Dingen umzulernen."

Fünfunddreißig Minuten später standen seine beiden Besucher wieder am Fuß der Wohnanlage und sahen sich halb verblüfft, halb enttäuscht an.

Reimers ergriff wie üblich als Erster das Wort: „Ist das nun ein starrsinniger alter Mann oder ein schlauer Fuchs, der uns nach Strich und Faden abgefertigt hat?"

Calldorf zuckte die Achseln. „Ich habe keine Ahnung. Aber Tatsache ist, dass er sich wohl nicht dafür hergeben wird, sein Know-how über direkten Datentransfer weiterzugeben."

Reimers nickte. „Ja, schade, aber das funktioniert halt nicht ohne seine Einwilligung. Und Geld scheint für ihn leider keine Rolle zu spielen."

„Das kann sich wohl nur jemand leisten, für den die Vergangenheit wichtiger ist als die Zukunft."

„Komisch, nicht wahr, erst schien er nur von den alten Zeiten reden zu wollen, als Pferde noch auf die Weide gingen und Spitzenreiter den lieben langen Tag nichts anderes taten, als sich mit ihren Tieren zu beschäftigen! Und plötzlich schien er sogar die Schwachstellen des ‚EQUIBYTE'-Programmes, die wir bestimmt nicht irgendwo offiziell haben verlauten lassen, ziemlich gut zu kennen. Das passt irgendwie nicht zusammen!"

„Ich habe im Nachhinein den Eindruck, dass er außerordentlich clever reagiert hat", sagte Calldorf. „Und die Fragen, die er zum Reiten von Benedikt gestellt hat, waren wirklich nicht ohne. Schade, dass er nicht mehr als Trainer arbeitet. Aber es heißt, dass er seine Wohnung kaum noch verlässt."

Als Frederick Reimers am selben Abend seinem Sohn von dem vergeblichen Vorstoß berichtete, entspann sich zwischen Vater und Sohn ein ernsthafter Streit. Der Firmenchef hatte es nicht für nötig oder besser richtig befunden, Benedikt in seine Pläne einzuweihen. Und sein Sohn war darüber so wütend wie selten.

„Hättest du mich wenigstens mitkommen lassen!", fuhr Benedikt seinen Vater an.

Der konterte kühl: „Ich habe bislang sämtliche entscheidenden geschäftlichen Verhandlungen auch ohne deine Mitwirkung geführt und das mit einigem Erfolg."

Benedikt erwiderte nichts. Aber das hatte diesmal kei-

neswegs zu bedeuten, dass er mit seinem Vater einverstanden war.

Drei Tage später stand Benedikt vor der Gegensprechanlage des ‚Worldsport'-Wohnturms und verhandelte mit einer unsichtbaren, ziemlich unfreundlichen Stimme.

Das Video seines missglückten Parcours, das er ihm zugeschickt hatte, schien den alten Meister nicht etwa gnädig zu stimmen, sondern eher in Wut zu versetzten.

„Du bist der auf dem Video?", fragte eine gereizte Männerstimme. „Wolltest du dich über mich lustig machen? Da habt ihr einen Parcours hingestellt, der sieht aus wie ein gemäßigter Verschnitt der EM 97. Und du reitest wie eine Karikatur von mir! Aber zu Zeiten, als ich noch über irgendwelche Stangen geritten bin, wusste ich mir allerdings zu helfen - im Gegensatz zu dir!"

Die Sprechanlage verstummte und Benedikt schwieg betreten. Sein großes Vorbild hatte schließlich hundertprozentig Recht. Aber andererseits - wenn er diese Chance verspielte, würde es keine zweite mehr geben.

„Ich habe nur von Ihnen lernen wollen", erklärte er leise und hilflos zu seinem unsichtbaren Gegenüber. „Aber ich habe es wohl ganz verkehrt angefangen. Ich kann verstehen, dass Sie nicht mit mir reden wollen. Aber ich habe noch eine einzige, ganz wichtige Frage - die mir niemand anders beantworten kann."

Die Sprechanlage schwieg entmutigend. Benedikt unterdrückte den Impuls zu einem raschen Rückzug und zwang sich, seine Frage zu formulieren.

„Auf den alten Videos, die ich von Ihnen gesehen habe, war die Tonqualität manchmal schlecht. Und da war ein Sprecher, der offensichtlich sehr viel Ahnung hatte vom

Sport. Der sagte so etwas wie: ‚Reiten lernt man eben nur durch...'. Den Rest konnte man nicht verstehen. Bitte sagen Sie mir: Wie geht der Satz zu Ende?"

Schweigen am anderen Ende der Sprechanlage. Erst als sich Benedikt endgültig zum Gehen wenden wollte, sagte eine sehr viel freundlichere Stimme: „Dann komm mal hoch, mein Junge."

Fünf Minuten später saß Benedikt dem alten Mann gegenüber und wurde einer kritischen Musterung unterzogen. Sein Gegenüber eröffnete das Gespräch:

„Was in aller Welt hast du denn im Training mit deinem Pferd angestellt, dass es in so einem Parcours losgeht wie eine Rakete?"

Benedikt wurde rot und versuchte nun doch, wenigstens einen Rest der eigenen Ehre zu retten. „Wir trainieren die Pferde in der Hauptsache ohne Reiter, das heißt mit einem elektronischen Programm, das die Hilfen gibt. Mein Trainer hat die Stute vorher den Parcours ausgiebig üben lassen!"

„Ausgiebig üben?" Der alte Mann sah den Jungen mit großen Augen an und schüttelte den Kopf.

„Ja, wisst ihr denn heutzutage gar nichts mehr über Pferde? Man trainiert zwar für einen Parcours, aber übt ihn doch nicht regelrecht ein! Wenn du das übertreibst, dann machst du aus einem sensiblen Pferd eben genau so einen heißen Ofen wie deine Stute. Sie ist übrigens recht nett, vermögend und talentiert", fügte er versöhnlich hinzu, „aber auf mich wirkt sie völlig grün und unerfahren. Ich meine, in so einem Parcours müsste sie viel mehr mitarbeiten und sich auch mal selbst zu helfen wissen. Du machst übrigens den gleichen Eindruck - wie lange reitest du denn eigentlich schon im Sport?"

Es wurde ein langes Gespräch zwischen dem Jungen und dem alten Mann, in dessen Verlauf Benedikt zu verstehen begann, warum sich die ehemalige Nummer Eins der Weltrangliste konsequent vom modernen Springsport nach der MHS-Katastrophe distanziert hatte. Und ganz langsam glaubt er zu verstehen, warum die Leistungen im Reiten in den vergangenen Jahrzehnten trotz des immensen wissenschaftlichen und technischen Aufwands weniger statt mehr geworden waren.

„Ich weiß, dass Sie nicht mehr als Trainer arbeiten", sagte er zum Abschied zu seinem Gastgeber. „Aber könnte ich nicht wenigstens ab und zu vorbeikommen und einen Videofilm mitbringen? Vielleicht sieht es ja dann nicht mehr ganz so katastrophal aus."

Der alte Mann lächelte. „Mach das", sagte er. Und als Benedikt schon in der Tür war, rief er ihm leise hinterher: „‚Reiten' heißt das Wort, nach dem du gefragt hast, einfach nur ‚Reiten'".

Wie kommt man dazu, Pferdegeschichten zu schreiben?

Alles hat damit angefangen, dass mich mein Patenonkel vor sich aufs riesengroße Pferd setzte. Ich war gerade mal zwei Jahre alt. Aber dabei muss er mich wohl mit dem „Pferdevirus" angesteckt haben, den man ein Leben lang nicht mehr los wird...

Reiten wurde mein Wunschtraum. Viele Jahre lang konnte ich ihn nur in den Ferien verwirklichen. Irgendwann einmal, so schwor ich mir, würde ich ein eigenes Pferd haben. Mein erstes Pferd bescherte mir Freudentränen und Sorgenfalten – und Stoff für ein Buch. Ich bemühte mich um eine gute Reitausbildung. Nach dem Abitur lebte ich ein Jahr lang bei meinem Onkel, einem Ausbilder, der den zweiten Weltkrieg noch zu Pferd erlebt hat. Von ihm lernte ich das Wichtigste: nämlich mit Pferdeaugen zu sehen. Später absolvierte ich die Prüfungen zum Reitwart, Amateurreitlehrer und Turnierrichter.

Ich wurde Lehrerin, aber ich übte diesen Beruf nie aus – außer in der Reitbahn. Da machte es mir viel mehr Spaß als in der Schule! Ich begann zunächst als Kulturkritikerin bei einer Tageszeitung, später lernte ich als Lektorin in einem Jugendbuchverlag alles über das Büchermachen.

Zufällig kam ich mit dem damaligen Präsidenten der Deutschen Reiterlichen Vereinigung (FN) ins Gespräch - über Pferdebücher. Wochen später kam eine Anfrage des FNverlages, ob ich nicht ein Sachbuch für Kinder und Jugendliche schreiben wolle. Ich wollte. Meine erste Tochter war gerade geboren, und wenn sie nicht schrie, gefüttert oder beschäftigt sein wollte, schrieb ich am „Pferdebuch für junge Reiter". Ich ahnte nicht, dass es der Start in einen neuen Beruf werden sollte.

Inzwischen sind meine drei Töchter passionierte Reiterinnen geworden und die Zahl meiner veröffentlichen Pferdebücher wächst mit jedem Jahr.

Pferde sind aus meinem Leben nicht mehr wegzudenken – und der Stoff für Geschichten wird mir wohl nie ausgehen.

Isabelle v. Neumann-Cosel

Die Jugendreitlehre

Der erfolgreiche Long-
seller im Jugendbuch-
programm des **FN***verlages*
wurde als attraktive Neu-
bearbeitung aufgelegt.
Mit aktualisiertem Inhalt
und in völlig neuer,
ansprechender Ausstat-
tung bietet der Band eine
unverwechselbare
Mischung aus Lesestoff
und Lernhilfe für den
Umgang mit dem Pferd
und das Reitenlernen.
Empfehlenswert zur Vor-
bereitung auf die Prüfun-
gen Kleines, Großes und
Kombiniertes Hufeisen
Reiten sowie den Deut-
schen Reitpass.

256 Seiten mit durch-
gehend farbigen Fotos
und Illustrationen,
Format 14 x 19 cm,
gebunden

Pferdeschmöker

Offizielle Prüfungsbücher der FN

168 Seiten
mit Illustrationen,
Format 16 x 22,5 cm, geb.

144 Seiten mit
zahlr. Illustrationen,
Format 14,8 x 21 cm, kt.

ca. 128 Seiten mit
zahlr. Illustrationen,
Format 14,8 x 21 cm, kt.

Hufeisen-Bilderbücher für Erstleser

Jeweils 32 durchgehend
farbig illustrierte Seiten,
Format 21 x 26 cm,
gebunden

Hufeisen-Sachbücher für fortgeschrittene Leser

Jeweils 48 bzw. 64 durchgehend
farbig illustrierte Seiten,
Format 17x 24 cm, gebunden

Ausbildungsvideos

**Deutsche Reiterliche Vereinigung und
Isabelle von Neumann-Cosel**
Das Video „Spielend reiten lernen"
zeigt praktische Unterrichtsmodelle für die
Anfängerausbildung von Kindern.
Der Film **„In allen Sätteln gerecht"** zeigt die
Fortsetzung in der weiteren Ausbildungspraxis
von Kindern und Jugendlichen.
◀ ca. 35 Min. VHS   ca. 45 Min. VHS ▶

Bitte Gesamtverzeichnis des FN*verlages* anfordern. Alle gena~
sind über den Buchhandel und in Reitsportfachgeschäfter   .n.